AF194833

Rising Mind

———

FRANZISKA FATKA

Rising Mind
Du bist, was du suchst

———

FRANZISKA FATKA

Bibliografische Information der Deutschen Nationalbibliothek: Die Deutsche Nationalbibliothek verzeichnet diese Publikation in der Deutschen Nationalbibliografie; detaillierte bibliografische Daten sind im Internet über dnb.dnb.de abrufbar.

Herstellung und Verlag:
BoD – Books on Demand, Norderstedt

ISBN: 978-3-7562-0810-4

Für Dich.

INHALTSVERZEICHNIS

———

SO KANNST DU MICH UNTERSTÜTZEN:

Ich bin dir sehr dankbar, wenn du mir eine kurze Bewertung zu dem Buch auf Amazon oder Books on Demand, kurz BoD, hinterlassen würdest. Du kannst auch gerne ein Foto des Buches machen und mich mit einem kurzen Feedback auf Instagram (risingmind_franzifatka) darauf vertaggen und mir folgen. Unter allen Teilnehmenden verlose ich bis zum 09.09.22 eine kostenlose Hypnose-Sitzung zu deinem mentalen Wohlfühlort.

WILLKOMMEN ZU RISING MIND

HALLO DU,

Es freut mich riesig, dass du zu Rising Mind gefunden hast. Ich möchte dir mit diesem Buch zeigen, dass alles, was du im Außen suchst, bereits in dir ist. Wir alle streben nach Anerkennung, Liebe und Wertschätzung. Wir strengen uns dafür in der Arbeit, im Sport, in Beziehungen, bei Freunden oder in der Familie übermäßig an, bis sich irgendwann ein Gefühl von Überforderung einschleicht. Dieses Gefühl begleitet uns im Alltag wie ein Hintergrundrauschen und ist schon längst unterbewusst zur Gewohnheit geworden. Wir nehmen es überhaupt nicht mehr richtig wahr.

ABER SIND WIR WIRKLICH GLÜCKLICH DAMIT?

Das „Problem" ist, dass wir uns diese Frage bis zu einem gewissen Schmerzpunkt vermutlich nicht stellen werden, weil wir keine Zeit dafür haben. Tritt dieser ein, fangen wir an, uns damit zu beschäftigen – doch wäre es nicht einfacher die Situation von einem gefestigten Standpunkt aus vorab zu verändern? Daher nutze ich jetzt diesen Moment und frage dich: Bist du aktuell vollkommen glücklich mit deiner jetzigen Situation? Falls nicht: Was hältst du davon einen „Fahrplan" für eine Veränderung zu erstellen, der dich Step für Step näher zu deinem erfüllten Leben bringen kann? Eine Frage aus dem Buch „The Big Five for Life" ist hierfür besonders hilfreich:

„WENN DU NUR NOCH DREI MONATE ZU LEBEN HÄTTEST, WÜRDEST DU DEIN LEBEN DANN SO LEBEN WIE AKTUELL?"

Wir wissen leider nie wann die letzten drei Monate sein werden, aber wir können versuchen jeden Moment so zu leben, als wäre es unser Letzter. Denn jeder einzelne Moment ist in der Summe unser Leben. Stell dir vor, du stehst am Ende deines Lebens und jeder einzelne Tag deines Werdegangs ist in einem Museum ausgestellt (vgl. Strelecky, 2009, S. 24). Hast du dann so gelebt wie es andere glücklich macht, deine Bedürfnisse hintenangestellt und immer hart geschuftet? Dann sind überwiegend negative Tage in deinem Museum ausgestellt. Wäre es nicht schöner, dein Leben so zu leben, wie es dich glücklich macht und es nach deinen Erwartungen zu gestalten, anstatt nach den Erwartungen anderer?

WIE SÄHE EIN „GUTER MUSEUMSTAG" BEI DIR AUS? (vgl. Strelecky, 2009, S. 25)

Um Liebe, Wertschätzung und Anerkennung zu erfahren, musst du dich nicht ständig anstrengen, deine Bedürfnisse hintenanstellen und letztendlich irgendwann davon ausbrennen, sondern du kannst bei dieser Suche den Blick auf dein Inneres richten. Dadurch kannst du das Gefühl von bedingungsloser Annahme in dir selbst finden und gelangst zurück zu deinen Wurzeln und zu deiner Intuition, die dir als Wegweiser dient. Du kannst deine wahre Vision wiederentdecken und deine unbewussten zurückhaltenden Glaubenssätze auf dem Weg zu deinem richtigen Pfad transformieren.

DER PFAD
RISINGMIND

———

WER LÄUFT, WO ER BISHER NOCH NICHT GELAUFEN IST, ERSCHAFFT SIE: NEUE RICHTUNGSWEISENDE TRAMPELPFADE.

Unser gewohnter Trampelpfad hält uns in der Komfortzone und ein neuer Pfad entsteht nicht über Nacht. Aber wenn wir uns jetzt dafür entscheiden, einen kleinen Schritt abseits von dem alten Pfad zu gehen, hinterlässt das jeden Tag sichtbare Fußspuren. Nach einer gewissen Zeit ist ein neuer richtungsweisender Trampelpfad angelegt.

EINE KLEINE VERÄNDERUNG HEUTE, HINTERLÄSST MORGEN IHRE SPUREN.

WELCHEN KLEINEN SCHRITT KANNST DU HEUTE ÄNDERN, UM DICH MORGEN BESSER ZU FÜHLEN?

Du kannst dich durch dieses Buch leiten lassen und dich von den Inhalten auf eine Reise zur Selbstentdeckung mitnehmen lassen. Ich habe Rising Mind gegründet, um dich zu motivieren deiner Leidenschaft zu folgen, zurück zur Selbstannahme zu gelangen und um deine Komfortzone zu verlassen, indem du dir deinen limitierenden Glaubenssätzen bewusst wirst und sie durch neue motivierende Glaubenssätze ersetzt.

VERÄNDERUNG

„Veränderung wird nicht kommen, wenn wir auf jemand anderen oder auf eine andere Zeit warten. Wir sind diejenigen, auf die wir gewartet haben. Wir sind die Veränderung, die wir suchen."

(BARACK OBAMA)

I
CHECK-IN

——

Der Check-In dient dazu, dass du dir zuerst darüber bewusst wirst, wo du gerade in deinem Leben stehst. Selbstreflektion ist dabei unverzichtbar, da jeder Veränderung ein Erkennen der jeweiligen Situation bevorsteht.

OHNE ERKENNEN VON „PROBLEMEN" – KEINE VERÄNDERUNG.

Check einfach mal bei dir ein und stelle dir die Fragen auf den kommenden beiden Seiten. Achte beim Beantworten der Fragen bitte auf intuitives Antworten – aus dem Bauch heraus und ohne viel darüber nachzudenken.

Außerdem dient der Check-In als Messwert für dich. So siehst du, wo du zu Beginn der Reise stehst und welche Fortschritte du im Laufe der Lektion machst, denn am Ende wirst du bei dem Check-Out die gleichen Fragen nochmals beantworten. Du kannst die Antworten dann einfach vergleichen.

- **?** -

AUSFÜLLHILFE (BEISPIEL FÜR DIE NÄCHSTE SEITE):

„Hast du ein konkretes Ziel vor Augen?"

0 = Nein, darüber habe ich mir noch keine Gedanken gemacht.
10 = Auf jeden Fall, ich kenne mein Ziel.

- -

I
CHECK-IN

———

Wie gut kennst du deine Vision (= inneres Bild von deiner gewünschten Zukunft)?

0   5   10

Hast du ein konkretes Ziel vor Augen?

0   5   10

Wie zuversichtlich bist du, dass du dieses Ziel erreichen wirst?

0   5   10

Bist du dir im Klaren darüber, was dich davon abhält, deinem Ziel zu folgen?

0   5   10

Was glaubst du, wie lange wird es dauern dein/e Ziel/e zu erreichen? (10=sehr lange)

0   5   10

Weißt du, was dir fehlt, um mit der Umsetzung deiner Vision zu beginnen? (10 = sehr viel)

0   5   10

Stimmt dein aktueller Weg mit deinem Ziel/deiner Vision überein?

0   5   10

Wie zufrieden bist du mit deiner jetzigen Situation?

0   5   10

Wie gut hast du deine negativen Gedanken im Griff?

0   5   10

Wie positiv ist dein Mindset?

0 — 5 — 10

Hörst du auf deine Intuition?

0 — 5 — 10

Weißt du, was ein Glaubenssatz ist? Falls ja, kennst du deine eigenen Glaubenssätze?

0 — 5 — 10

Machst du das, was du willst oder das, was andere von dir erwarten? (Was du willst = 10)

0 — 5 — 10

Machst du es dir oder den anderen recht? (Dir = 10)

0 — 5 — 10

Wie kritisch bist du mit dir selbst? (0 = nicht kritisch / 10 = sehr kritisch)

0 — 5 — 10

Fokussierst du dich mehr auf Niederlagen oder auf Erfolge? (10 = Erfolg)

0 — 5 — 10

Wie gut ist die Beziehung zu dir selbst?

0 — 5 — 10

Wie bewusst dankbar bist du?

0 — 5 — 10

FINDE HERAUS WAS DICH ZURÜCKHÄLT.

Manchmal sind unsere Ausreden so gut, dass wir gar nicht bemerken, dass sie uns in unserer sicheren Komfortzone zurückhalten. Ist dein jetziger „Ist-Zustand" (Komfortzone) auch dein „Wunschzustand" (Wachstumszone)? Falls nicht, wie sieht dein „Wunschzustand" aus? Fallen dir automatisch Ausreden ein, warum du diesen gerade nicht erreichen kannst? Dahinter können sich deine unbewussten limitierenden Glaubenssätze verstecken, die sich in wiederkehrenden negativen Gedanken oder auch Ausreden bemerkbar machen: Ein Muster entsteht. Ein Programm deines Unterbewusstseins ist wie eine Mauer um deinen „Ist-Zustand" aufgebaut. Je mehr Ausreden wir haben, umso schwieriger wird es, diese Mauer zu durchbrechen. Um die Mauer aufzubrechen, sodass wir von unserer Komfortzone hinaus zu unserem „Wunschzustand" gelangen, müssen wir uns diesen zurückhaltenden Glaubenssätzen zuerst bewusst werden. Wenn wir anfangen, unsere Gedanken zu beobachten, anstatt uns mit jedem einzelnen davon zu identifizieren, können wir negative Glaubenssätze enttarnen und durch neue motivierende Glaubenssätze ersetzen. Mit der folgenden Schritt-für-Schritt-Anleitung kann das möglich sein:

1. Beziehung zu sich selbst stärken

2. Ist-Zustand aka Komfortzone herausfinden

3. Wunschzustand/Wachstumszone herausfinden

4. Limitierende Glaubenssätze und Schutzstrategien herausfinden

5. Glaubenssätze und Schutzstrategien „umprogrammieren"

6. Achtsamkeitspraxis

7. Festlegen wertebasierter Ziele

8. Manifestieren/Visualisieren

9. Individuellen Step by Step erstellen (Persönliche Routine)

Wachstumszone

Komfort

Let's crush your limiting beliefs!

II
SELBSTANNAHME

———

WENN DU AUFZÄHLEN MÜSSTEST, WEN DU IN DEINEM LEBEN LIEBST: WIE LANGE WÜRDE ES DAUERN, BIS DU DICH SELBST NENNST?

Wie wichtig die Beziehung zu dir selbst ist, möchte ich anhand einer Metapher zeigen.

Stelle dir nun vor, dass du Pilot eines Flugzeugs bist. Das Visionboard* mit deinen festgelegten wertebasierten Zielen steht für deinen „Flugplan". Die Bedeutsamkeit dessen ist selbsterklärend, denn woher kennt ein Pilot ohne Flugplan sein Ziel?

(*Einschub: Du wirst in einem späteren Kapitel dein Visionboard erstellen – eine Zielcollage aus Bildern und/oder Worten. Es kann dir dabei helfen deine Ziele schneller zu erreichen. Das Unterbewusstsein lernt durch Wiederholungen, weswegen es dich bei zielorientiertem Handeln optimal unterstützen kann. Siehst du regelmäßig deine Ziele, dann werden diese in deinem Unterbewusstsein verankert.)

Das Flugzeug verkörpert in diesem Beispiel deine Routinen, mit denen du zu deinen wertebasierten Zielen gelangst. Diese wirst du ebenfalls mit Hilfe dieses Buches entwickeln. Erst wenn wir anfangen, kontinuierlich auf ein Ziel hinzuarbeiten, werden wir dieses auch erreichen.

Der Treibstoff für das Flugzeug bzw. für deine Routinen ist der Glaube an dich selbst und die Beziehung zu dir. Das ist die Voraussetzung, um dein

Flugzeug überhaupt erst zu starten. Natürlich spielen auch die Flugbegleiter eine wichtige Rolle. Wen nimmst du mit auf deine Reise? Es gibt Menschen, die dich und somit dein Flugzeug runterziehen. Es gibt aber auch Personen, die dich aufbauen, pushen und dazu beitragen, dass dein Flugzeug schneller abheben und in der Luft bleiben kann. Du entscheidest, wer auf deiner Reise dabei sein darf, denn du bist der Pilot und lenkst das Ganze.

Die Grundlage für diesen Beschluss ist der Umgang mit dir selbst, denn wenn du deinen Wert kennst und eine gute Beziehung zu dir hast, dann lässt du nicht zu, dass dich andere Menschen daran hindern „loszufliegen". Dir fällt es dann leichter Grenzen zu setzen. Diese Faktoren in Summe sind ausschlaggebend, um deinen eigenen Weg zu gehen. Ohne einer harmonischen Beziehung zu dir selbst, kann das Flugzeug überhaupt nicht erst abheben oder muss frühzeitig wieder landen. Deswegen handelt dieses Kapitel von Selbstannahme.

Wie geduldig gehst du mit dir selbst um? Hast du das nötige Vertrauen in dich, um deine Ziele zu erreichen? Du kannst dein Selbstvertrauen steigern, indem du die Dinge, die du hier erstellst, umsetzt. Auf dem Weg zu dir selbst spielt vor allem die Selbstannahme eine große Rolle: Behandle dich wie eine Person, die du liebst. Viel zu oft ist man gefangen in der Selbstsabotage und übersieht dabei, wie großartig man eigentlich ist. Überliste deinen inneren Kritiker, indem du ab sofort besonders mitfühlend mit dir umgehst. Wenn es dir nicht gut geht, überlege dir wie du mit einer Freundin/einem Freund sprechen würdest. Würdest du sagen: „Stell dich nicht so an, reiß dich zusammen" oder würdest du ihm/ihr aufbauende Worte zusprechen? Was aber würdest du zu dir selbst sagen, wenn du Kummer hast: „Stell dich nicht so an" oder ermutigende Worte?

Der Umgang mit dir selbst ist ausschlaggebend dafür, wie positiv deine Gedanken sein können und umgekehrt. Fange an, dich darauf zu fokussieren, was du schon alles in deinem Leben erreicht hast, anstatt darüber nachzudenken, gewisse Dinge nicht schaffen zu können. Nimm aufkommende

Selbstzweifel mitfühlend an. Werde dir darüber bewusst, dass es oke ist, wenn diese da sind, denn du bist richtig, wie du bist. Du machst genug, du hast genug und du bist genug. Du bist an dem richtigen Punkt in deinem Leben – selbst wenn es sich vielleicht manchmal nicht danach anfühlt. Das Leben gibt dir immer genau das, was du gerade brauchst. Herausforderungen, Veränderungen oder unangenehme Situationen bedeuten immer Wachstum und haben somit auch etwas Gutes.

Behalte im Kopf, dass alle deine Schwächen ein Teil von dir sind. Sie machen dich neben deinen Stärken aus und sie machen dich zu dem Menschen, der du heute bist. Sie dürfen sein, du darfst sein – so wie du bist. Hast du schon mal darüber nachgedacht, dass deine vermeintlichen Schwächen insgeheim auch deine Stärken sind, weil du dich dadurch stetig verbesserst? Es geht nicht darum perfekt oder fehlerfrei zu sein, sondern darum, DU zu sein – dein authentischstes Ich. Wenn du das erkennst, dann hast du schon viel mehr erreicht, als das, was man im Außen erreichen kann, denn:

Erfolg oder Veränderung liegt weder im Materiellem noch im Außen. Der wahre Erfolg liegt einzig und allein in dir. Nur im Innen kannst du den Erfolg finden, den man im Außen sucht und dann nur vorübergehend als befriedigend empfindet. Erst mit dem Erkennen, dass du mit all deinen Facetten ein unglaublich toller Mensch bist, stellt sich ein langfristig befriedigendes Erfolgs-Gefühl in dir ein und die positive Veränderung im Außen folgt von ganz allein.

NIEMAND IST WIE DU UND GENAU DAS IST DEINE STÄRKE.

Bedanke dich bei dir selbst, dass du dir die Zeit für diese „Innenschau" nimmst. Das ist ein Zeichen von Selbstannahme. Im Leben geht es nicht darum etwas Bestimmtes zu erreichen, sondern zu erleben, was es bedeutet im Moment zu sein und diesen mit allen Sinnen auszukosten. Wenn du es schaffst, den Moment in Dankbarkeit anzunehmen und zu erkennen, dass alles, was du im Außen suchst, bereits in dir ist, stellt sich Erleichterung ein.

WENN DU DIE BEZIEHUNG ZU DIR SELBST STÄRKEN MÖCHTEST, FINDEST DU HIER ZWEI HILFREICHE ÜBUNGEN:

AUFGABE 1: GEHE AUF EIN DATE MIT DIR SELBST

Behandle dich dabei wie einen Menschen in deinem Leben, den du liebst. Du kannst dich zum Beispiel selbst zum Essen ausführen, einen Ausflug oder einen Wellness-Tag mit dir machen. Wie stellst du dir ein schönes Date mit einer anderen Person vor? Kochst und isst du zum Beispiel gerne gemeinsam, dann bekoche dich selbst, mache dir Kerzen an und genieße die Zeit. Frage dich, was du brauchst, um dich wohlzufühlen und gebe dir selbst das, ohne darauf zu warten, dass es jemand anderes tut. Was auch immer du auf deinem Date machst – es geht darum, dass du bewusst und achtsam die Zeit mit dir verbringst.

AUFGABE 2: SCHREIBE EINEN LIEBESBRIEF AN DICH SELBST

Selbstwert-Booster: Warum sind deine Schwächen gut? Was macht dich aus? Warum bist du ein toller Mensch? Was hast du schon alles in deinem Leben erreicht?

Du findest es bestimmt eigenartig dir selbst einen Liebesbrief zu schreiben. Aber ist es nicht einfach mal an der Zeit, dir selbst zu sagen, wie viele Gründe es gibt, dich selbst annzunehmen und zu lieben? Um das zu verinnerlichen, darfst du dir ab sofort mehr Selbst-Wertschätzung schenken.

Oft fällt einem bedingungslose Selbstannahme gerade dann schwer, wenn man von anderen Menschen verletzt wurde. Das ist paradox, denn vor allem jetzt sollte die Selbstannahme – anstatt der aufkommenden Selbstzweifel – an erster Stelle stehen.

Jeder Mensch erlebt irgendwann Verletzungen und trägt davon Narben. Das Gute daran ist, dass jede Herausforderung auch Wachstum mit sich bringt. Manchmal haben wir keinen Einfluss darauf, was im Außen geschieht, aber wir haben Einfluss darauf, wie wir mit den Situationen umgehen und welchen Sinn wir ihnen verleihen. Wenn man von anderen verletzt wird, darf man das nicht persönlich nehmen. Jeder Mensch gibt zu dem jeweiligen Zeitpunkt sein Bestes, steckt vielleicht in seiner eigenen Haut fest und kann deshalb nicht fair handeln – die Kapazität reicht nicht aus. Manchmal liegt es zum Beispiel an der fehlenden Selbstliebe dieser Person. Von diesem Punkt ausgehend fällt es einem leichter dieser Person zu verzeihen.

Gleichzeitig kann man dieser Person im besten Fall sogar dankbar sein, weil man an seinen Wert erinnert wird. Man findet dadurch weiter zu sich. Heilungsprozesse sind immer schmerzhaft, aber sie sind es wert. Oft wacht man erst auf, wenn etwas schmerzt. Man bemerkt dann, was man eigentlich in seinem Leben möchte und vor allem was man nicht möchte. Genau diese Erlebnisse stellen die Weichen für die Zukunft. Es hat fast alles, was geschieht, einen Grund – (Schicksalsschläge ausgenommen). Ohne den schlechten Erlebnissen würde es auch nicht die daraus entstehenden Guten geben.

In schwierigen Zeiten kann es einem schwer fallen, das zu erkennen, aber sobald sich der Nebel – durch Geduld, Selbstannahme & Zuversicht – lichtet, wird man auch die guten Dinge sehen, die dahinter liegen. Lass dich von den schwierigen Zeiten nicht entmutigen. Sollte dies doch einmal schwer fallen, kommt hier ein kleiner Selbstwert-Booster auf der nächsten Seite:

„Du darfst dich selbst annehmen, auch wenn du dich zum Beispiel für bestimmte Dinge schuldig fühlst oder dich manchmal selbst nicht leiden kannst und am liebsten vor dir selbst davonlaufen würdest. Denke daran, dass du vor der Liebe zu dir selbst nicht davonlaufen können wirst, weil deine Liebe zu dir bedingungslos ist. Du musst nichts dafür tun, du darfst dich dafür lieben, dass du genau der Mensch bist, der du heute bist – mit allen Ecken und Kanten. Dieser Mensch wärst du heute nicht, wenn du gewisse Erfahrungen oder Enttäuschungen und Verletzungen in deinem Leben nicht erlebt hättest. Auf deine eigene besondere Art und Weise bist du perfekt unperfekt – so wie du bist. Du darfst dich selbst dafür wertschätzen, dass du für andere Menschen da bist, selbst für die Menschen, die dich vielleicht enttäuscht haben. Du darfst dich selbst dafür wertschätzen, dass du ein gefühlsvoller Mensch bist oder eben dafür, dass du ein unsensibler Mensch bist. Egal, wie du bist, es ist genau richtig so.“

Ich teile hier etwas sehr Persönliches mit euch – einen Ausschnitt aus dem Liebesbrief, den ich auf der Reise zu mir an mich geschrieben habe. Warum mache ich das? Um euch zu zeigen, dass ich alle Tools, die ich hier mitgebe, auch selbst ausprobiert habe und deshalb den Mehrwert dieser Übungen kenne.

Seine Schwächen anzunehmen ist ein lebenslanger Prozess. Es gibt Phasen, in denen ich die Liebe zu mir selbst weniger fühle und es gibt Momente, da fühle ich sie mehr. Allein mir bewusst zu werden, dass dieses Gefühl aber in mir existiert, macht die Down-Phasen im Leben erträglicher. Die Schwächen verschwinden dadurch nicht, aber wir stärken die Beziehung zu uns selbst.

Gegensätzliche Situationen, in denen ich mich selbst annehme – ohne das eine, gäbe es das andere nicht, weswegen beide Situationen gut sind und einen Sinn haben:

„Ich nehme mich selbst an, wenn ich in meiner extrovertierten Stimmung bin und ich nehme mich an, wenn ich introvertiert bin und mich zurückziehe. Ich nehme mich an, wenn ich fleißig, organisiert und strukturiert bin und ich nehme mich an, wenn ich keine Antriebskraft habe, unorganisiert und unstrukturiert bin. Ich nehme mich an, wenn ich andere Menschen zum Lachen bringe und ich nehme mich an, wenn ich weinend zuhause sitze und mir die Decke auf den Kopf fällt, weil meine Ängste und Selbstzweifel aufkommen. Ich nehme mich an, wenn ich mich um andere kümmere, und ich nehme mich an, wenn ich mich zurückziehe, weil ich Zeit für mich brauche. Ich nehme mich an, wenn ich voller Tatendrang und überglücklich bin, und ich nehme mich an, wenn ich traurig und genervt bin. Ich nehme mich an, wie ich aufblühe, wenn ich reisen gehe, und ich nehme mich an, wenn ich geknickt bin, weil die nächste Reise in der Ferne liegt. Ich nehme mich so an wie ich bin – egal was ich tue oder nicht tue, denn die Selbstannahme ist an keine Bedingungen geknüpft. “

Sei für dich da. Die Liebe und das Vertrauen, welches du dir selbst geben kannst, wird dir niemand in der Form geben können. Genauso kann dir diese Liebe niemand nehmen, außer du dir selbst, indem du dir einredest, dass du es beispielsweise nicht wert bist oder nicht gut genug bist. Egal was im Außen passiert, zweifle nicht an dir, denn dafür gibt es keinen Grund, weil du toll bist – so wie du bist.

DIE VORAUSSETZUNG, UM DIE BEZIEHUNG AUF DAUER ZU DIR ZU STÄRKEN, IST DAS ERLAUBEN UND ANNEHMEN ALLER DEINER GEFÜHLE.

Es fühlt sich nicht immer alles nur gut an. Unangenehme Gefühle bringen dich immer ein Stück näher zu dir selbst – vorausgesetzt du lässt sie zu. Verdrängst du sie, bleiben sie als stiller Begleiter und kommen irgendwann explosiv an die Oberfläche. Versuche unangenehme Gefühle dankbar anzunehmen und fange an den Mehrwert dahinter zu erkennen. Wenn du dich nicht besonders gut fühlst, frage dich: „Was brauche ich gerade?". Höre in dich hinein und gib dir und deinem Körper das, was du jetzt brauchst.

DAS, WAS DU BRAUCHST, LIEGT NICHT IM AUSSEN, SONDERN IM INNEN – BEI DIR. DU BRAUCHST DICH, UM DICH BESSER ZU FÜHLEN, WEIL DU BEREITS BIST, NACH WAS DU IM AUSSEN SUCHST.

Mit dem Durcharbeiten des Guidebooks kommst du dem im besten Fall ein Stück näher. Auf der nächsten Seite ist Platz für deinen Liebesbrief an dich selbst.

AUFGABE: SCHREIBE EINEN LIEBESBRIEF AN DICH SELBST

III
KOMFORTZONE

———

In diesem Kapitel darfst du dir jetzt darüber Gedanken machen, was die Vor- und Nachteile deiner aktuellen Situation sind. Der Kreis auf der folgenden Seite stellt deine Komfortzone dar. Links trägst du die Vorteile ein und rechts die Nachteile.

AUSFÜLLHILFE (BEISPIEL FÜR DIE NÄCHSTE SEITE)

VORTEILE der Situation (+)

- sichere Beziehungen
- gutes Gehalt
- preiswerte Wohnung in guter Lage
- gut vernetzt, viele Freunde
- gewohnte Strukturen
- Familie wohnt in der Nähe
- bequem
usw.

NACHTEILE der Situation (-)

- Sehnsucht nach Abenteuer
- Fernweh
- Sinnhaftigkeit im Job fehlt
- Hamsterrad-Gefühl
- Wohlfühlfaktor in Wohnung gering
- Gefühl von Stagnation
- innerer Kritiker präsent
usw.

III
KOMFORTZONE

—

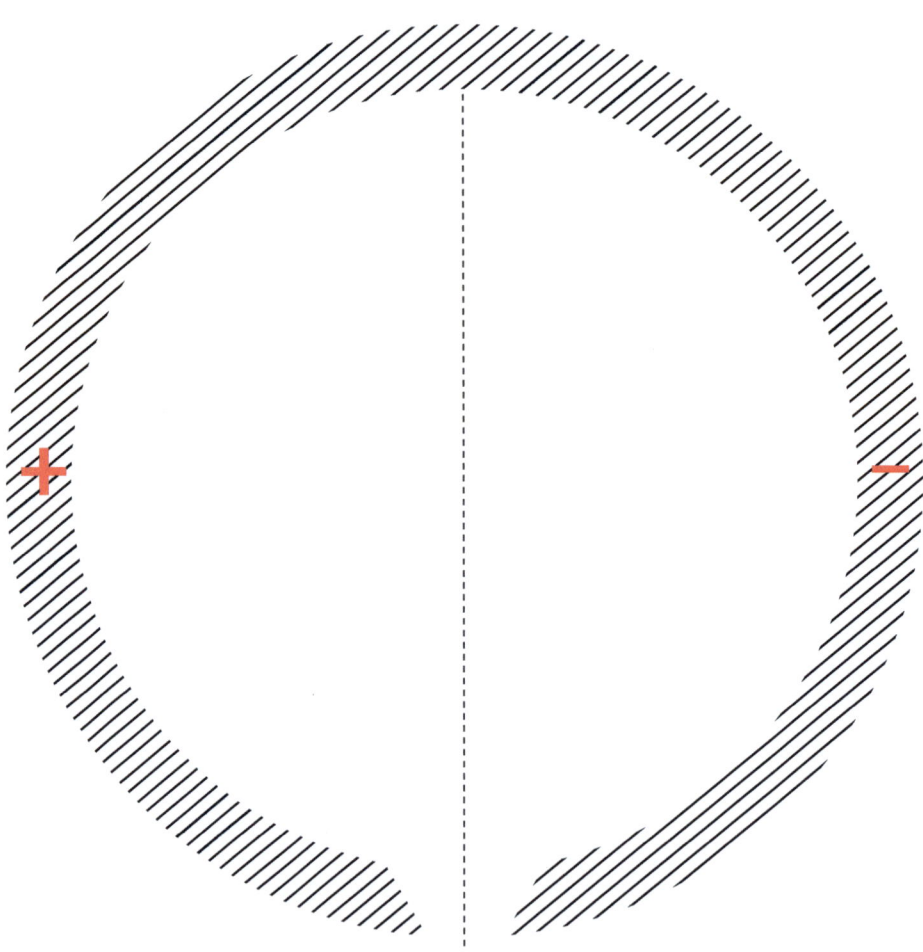

IV
WACHSTUMSZONE

———

Die Wachstumszone aka „Wunschzustand" ist der Zustand, wie wir uns unser Leben vorstellen würden, wenn es keine limitierenden Glaubenssätze und Einschränkungen gäbe. Dazu möchte ich dich auf eine kurze Meditations-Reise einladen:

Schließe deine Augen, atme ein paar Mal tief ein und aus, bis du dich entspannt fühlst. Stelle dir dann folgende Fragen: Wie würde ein perfekter Tag deines Alltags aussehen, wenn Zeit, Geld und die Erwartungen anderer keine Rolle spielen würden? Stelle dir das Ganze so detailliert wie möglich vor:

Wie wachst du auf? Wo wachst du auf? Zum Beispiel in einer Wohnung, in einem Camper oder in einem Haus? Mit wem? Wie ist dein Gefühl dabei? Was gibt es zu essen? Wie riecht es dort? Was siehst du, wenn du aus dem Fenster blickst? Ein Meer, Berge, einen Fluss oder eine Stadt? Wie sieht dein normaler Alltag aus, wenn Zeit, Geld und die Erwartungen anderer keine Rolle spielen würden? Gibt es einen bestimmten Job, den du ausführen würdest? Ist es vielleicht sogar dein aktueller oder doch ein anderer? Wolltest du eigentlich schon immer zum Beispiel Musiker sein und hast aber was anderes studiert? Versuche dir mit all deinen Sinnen deinen perfekten Tag mit geschlossenen Augen vorzustellen – wenn alles möglich wäre.

AUFGABE: SCHREIBE DEINEN PERFEKTEN TAG HIER AUF

Wenn etwas in deinen Gedanken möglich ist, kann es auch in der Realität möglich werden – alles beginnt zuerst mit einem einfachen Gedanken und dieser kann alles verändern.

WARUM?

Es ist alles Einstellungssache, wie die Psychologin Carol Dweck auch in ihrem Buch „Selbstbild: Wie unser Denken Erfolge oder Niederlagen bewirkt" erklärt. Wir dürfen die Macht unserer Gedanken nicht unterschätzen. Ein positives Mindset und die richtige Einstellung ist die halbe Miete. Lass uns den Spieß umdrehen und uns nicht mehr von negativen Gedanken oder einem negativen Mindset leiten lassen, sondern unser Mindset für etwas Positives nutzen, denn unsere innere Welt kreiert unsere äußere Welt. Nach der Meditationsreise darfst du dir nun Gedanken machen, wie das in deiner Realität aussehen könnte. Wir übersetzen es sozusagen. Zum Beispiel: „Mein perfekter Tag sieht so aus, dass ich in meiner kleinen Traumwohnung aufwache. Natur und Fluss befindet sich direkt vor meiner Haustür. Ich kann meine Zeit selbst einteilen, wann und was ich arbeite ..."

--------------------------------- A ---------------------------------

AUFGABE: SCHREIBE DEINEN TAG HIER AUF

Jetzt darfst du dir darüber Gedanken machen, was die Vor- und Nachteile deiner Wunschsituation sind. Der Kreis auf der folgenden Seite stellt deine Wachstumszone dar. Links trägst Du die Vorteile ein und rechts die Nachteile.

--------------------------------- ? ---------------------------------

AUSFÜLLHILFE (BEISPIEL FÜR DIE NÄCHSTE SEITE)

VORTEILE der Wunschsituation (+) **NACHTEILE der Wunschsituation (-)**

VORTEILE der Wunschsituation (+)	NACHTEILE der Wunschsituation (-)
- kann mir die Zeit selbst einteilen	- Bewerbungen schreiben
- super Gefühl in Traumwohnung	- Distanz
- neue Leute/Kultur kennenlernen	- Angst vor Unbekanntem
- neue Arbeitsstrukturen kennenlernen	- Wohnung kündigen
- Urlaubsfeeling durch das Arbeiten in einem anderen Land	- auf Wohnungssuche gehen
	- Unsicherheit
usw.	usw.

IV
WACHSTUMSZONE

—

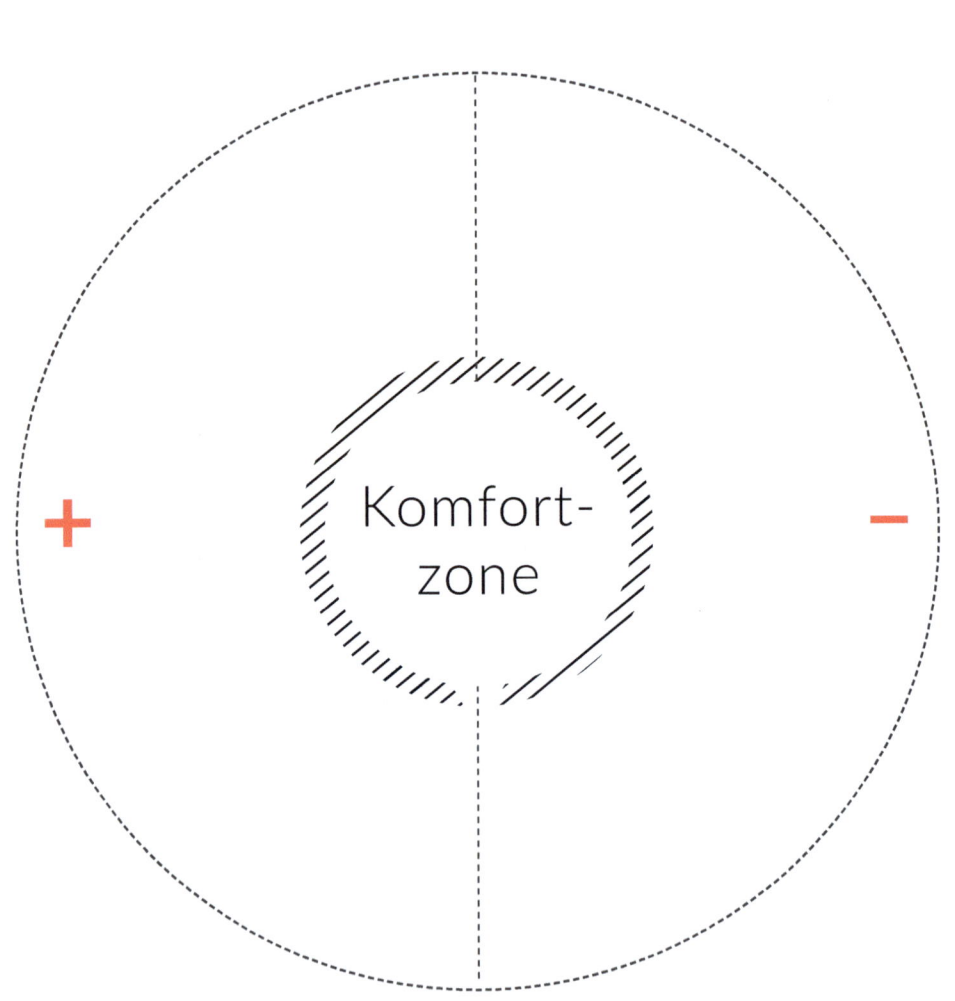

+ Komfort-
zone −

V

GLAUBENSSÄTZE

Nun bist du dir über deine aktuelle Ist-Situation (Komfortzone) und über deine Wunschsituation (Wachstumszone) mit allen Vor- und Nachteilen bewusst.

ERKENNEN IST DER ERSTE UND WICHTIGSTE SCHRITT ZUR VERÄNDERUNG.

Jetzt geht es darum herauszufinden, was dich davon abhält aus deiner Komfortzone hinaus in deine Wachstumszone zu gelangen. Hier kommen deine unterbewussten Glaubenssätze ins Spiel, die dich zurückhalten, diesen Schritt zu gehen.

WAS IST EIN GLAUBENSSATZ ÜBERHAUPT?

Das erkläre ich anhand der Tischbein-Metapher.

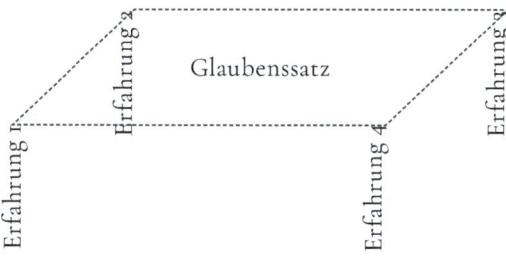

Ein Glaubenssatz ist ein komplexes Konstrukt – bis man ihn durchschaut hat. Als Beispiel nutze ich den (unterbewusst) weit verbreiteten Glaubenssatz „nicht gut genug" zu sein. Dieser kann unser Potenzial stark einschränken. Stelle dir hierfür einen Tisch vor (siehe Illustration). Die Tischplatte steht für den Glaubenssatz „Ich bin nicht gut genug". Die Tischbeine stehen für die negativen Erfahrungen aus der Vergangenheit, die einen zu dem Glaubenssatz „nicht gut genug zu sein" gebracht haben. Die Tischbeine (die Erfahrungen aus der Vergangenheit) tragen die Tischplatte (den Glaubenssatz). Umso mehr negative Erfahrungen du in der Vergangenheit bezüglich eines Glaubenssatzes gemacht hast, desto mehr Tischbeine halten die Tischplatte bzw. deinen Glaubenssatz und desto stabiler ist dieses Konstrukt. Dadurch wird es schwieriger, den Glaubenssatz „zum Einsturz zu bringen", denn der unterbewusste Glaube „nicht gut genug zu sein" ist schon längst zur Überzeugung geworden.

WELCHE NEGATIVEN ERFAHRUNGEN AUS DER VERGANGENHEIT FÜHREN BEISPIELSWEISE ZU DEM GLAUBENSSATZ NICHT „GUT GENUG" ZU SEIN?

Eine solche negative Erfahrung kann zum Beispiel sein, dass du es deinen Eltern nie recht machen konntest oder du oft Ablehnung im Außen erfahren hast (durch zum Beispiel Mobbing, Beziehungskatastrophen, etc). Welche negativen Erfahrungen du gemacht hast, die dich zu deinem Glaubenssatz gebracht haben, gilt es herauszufinden, um diese Erfahrungen anschließend gefühlsmäßig zu neutralisieren. Dafür begeben wir uns zuerst auf eine innere Reise.

WIE ERKENNT MAN, DASS MAN UNTERBEWUSST VON EINEM GLAUBENSSATZ GELEITET IST, WENN MAN DAVON NICHTS MERKT?

Erkennen ist der erste Schritt zur Veränderung. Erst wenn man sich darüber bewusst wird, dass Glaubenssätze existieren und ein Teil von unserem Unterbewusstsein sind, kann man „Licht ins Dunkel" bringen, denn wie soll man etwas bemerken, wovon man gar nicht weiß, dass es existiert? Du kannst dir dein Unterbewusstsein wie einen unendlich großen dunklen Raum mit vielen Zimmern vorstellen. In jedem Zimmer schlummert etwas unterbewusst. Auch wenn es in vielen Zimmer (noch) dunkel ist, du sie nicht siehst oder bemerkst, existieren diese Zimmer. „Licht ins Dunkel" bringen bedeutet abzutauchen und ein Licht nach dem anderen anzuknipsen, um zu entdecken, was sich dort versteckt. Hier sind auch die Glaubenssätze zu finden.

CA. 95% UNSERER GEDANKEN, GEFÜHLE UND HANDLUNGEN GESCHEHEN UNTERBEWUSST, NUR CA. 5% PASSIEREN BEWUSST (vgl. Zaltman, 2003, S.50). **UNSER BEWUSSTSEIN IST LEDIGLICH DIE SPITZE DES EISBERGS.**

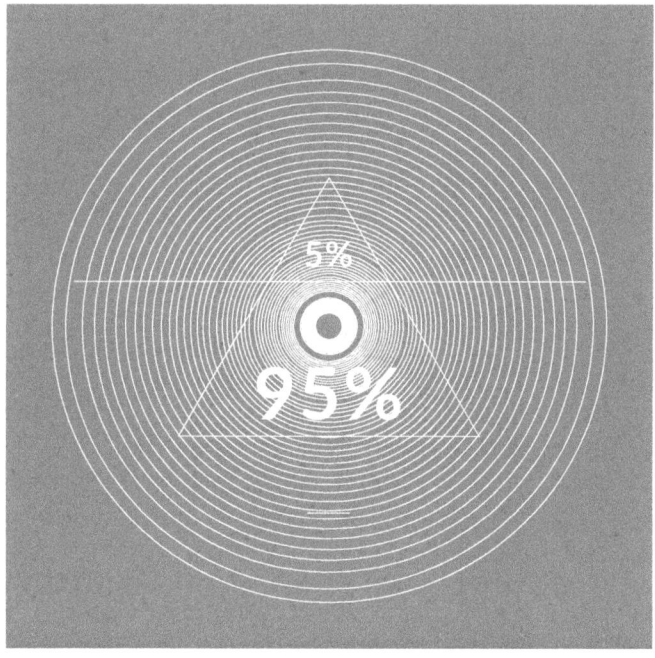

DIE TISCHPLATTE ZUM EINSTURZ BRINGEN.

Wir können einen Glaubenssatz zum Einsturz bringen, indem wir die dazugehörigen negativen Erfahrungen und Emotionen aus der Vergangenheit gefühlsmäßig neutralisieren. Wie am Kapitelanfang genannt, handelt es sich dabei um die Erlebnisse, die dich haben glauben lassen, dass du nicht gut genug bist. Bei jeder neutralisierten Erfahrung fällt das jeweilige Tischbein weg, bis die Tischplatte bzw. der Glaubenssatz in sich zusammenfällt. Ab sofort leitet dich der Glaubenssatz nicht mehr unbewusst durch dein Leben. Er wird dich auch nicht mehr daran hindern dein Potenzial zu entfalten sowie deine Komfortzone zu verlassen. Zumindest bist du dir jetzt darüber bewusst und kannst anders handeln. Es kann schon ausreichen, wenn du die intensivsten emotionalen Erfahrungen zu dem Glaubenssatz neutralisierst.

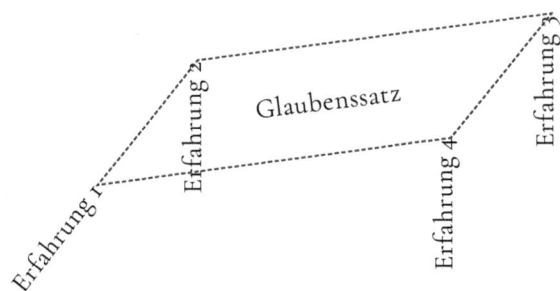

GLAUBENSSÄTZE KÖNNEN SICH IN UNSEREM UNTERBEWUSSTSEIN ZU EINEM PROGRAMM ENTWICKELN.

WAS SIND PROGRAMME?

Programme helfen uns entweder dabei, schneller an unser Ziel zu kommen oder sie halten uns davon ab, ein Ziel zu erreichen. Ein nützliches Programm ist beispielsweise Autofahren. Wir sparen uns dabei viel Energie, indem wir nicht darüber nachdenken müssen, wie wir schalten, lenken und bremsen. Es geschieht automatisch, denn wir haben es solange wiederholt, bis es zu einer unterbewussten Handlung geworden ist. Andere Programme können uns jedoch klein halten.

Wenn wir geboren werden, sind wir wie ein weißes unbeschriebenes Blatt. Als Baby funktioniert unser „Denk-Rekorder" noch nicht. Wir verstehen noch nichts von der Welt. Im Laufe der Kindheit wird – basierend auf unserem Umfeld – unser Unterbewusstsein „programmiert". Gewisse Glaubenssätze/Überzeugungen entstehen und werden zu unserem Programm. Dadurch reagieren wir auf bestimmte Situationen automatisch immer gleich – ohne darüber nachzudenken. Wir führen aufgrund eines an uns gesendeten Signals aus und agieren wie Roboter.

BEISPIEL FÜR EINE PROGRAMMIERUNG DES UNTERBEWUSST-SEINS:

Wenn du als Kind einen heißen Ofen berührst, wirst du dich davor hüten es nochmal zu tun, weil es in deinem Unterbewusstsein abgespeichert ist: Ofen = heiß = Schmerzen.

Dieser Vorgang ist aber nicht immer gut: Wenn man als Kind zum Beispiel die Eltern oft über Geld streiten sieht, dann könnte sich ein negativer Glaubenssatz und ein Programm entwickeln: Geld = Streit = schlecht. Der Gedanke ist nun fest verankert und kann dich als Erwachsener zum Beispiel davon abhalten eine gesunde Beziehung zu Geld zu entwickeln.

Manche Glaubenssätze sind nützlich, andere halten uns davon ab in die Welt von Fülle und in die Wachstumszone zu gelangen. Diese limitierenden Glaubenssätze werden ihren Job solange erfüllen, bis wir uns die Zeit nehmen, diese „umzuprogrammieren".

Merke
GLAUBENSSÄTZE

ÜBERBLICK ÜBER MÖGLICHE UNTERBEWUSSTE GLAUBENSSÄTZE
(vgl. Stahl, 2015, S. 73-75)

- Ich bin nicht liebenswert.
- Ich bin zu dick.
- Ich bin dumm.
- Ich bin schuld.
- Ich bin nicht wichtig.
- Ich komme zu kurz.
- Ich falle zur Last.
- Ich bin nicht gut genug.
- Ich bin für dich verantwortlich.
- Ich bin nicht willkommen.
- Ich bin unerwünscht.
- Ich kann niemandem vertrauen.
- Deine Bedürfnisse gehen vor.
- Ich muss alles perfekt machen.
- Fehler sind nicht erlaubt.
- Reden ist sinnlos.

- Ich muss stark sein.
- Ich darf keine Schwäche zeigen.
- Ich darf nicht weinen.
- Ich muss mich anpassen.
- Ich darf mich nicht zur Wehr setzen.
- Ich muss alles allein bewältigen.
- Ich muss der/die Beste sein.
- Ich darf nicht glücklich sein.
- Ich muss gute Noten schreiben.
- Ich muss deine Erwartungen erfüllen.
- Ich muss immer bei dir bleiben.
- Ich darf nicht meinen Weg gehen.
- Frauen/Männer sind alle gleich.
- Die Welt ist gefährlich.
- Das geht sowieso schief.
- Das Leben ist hart.

BIST DU BEREIT DEINE UNTERBEWUSSTEN LIMITIERENDEN GLAUBENSSÄTZE HERAUSZUFINDEN? STELLE DIR HIERFÜR FOLGENDE FRAGE: WAS HÄLT DICH DAVON AB VON DEINER KOMFORTZONE HINAUS IN DEINE WACHSTUMZONE ZU GELANGEN?

AUSFÜLLHILFE (BEISPIEL FÜR DIE NÄCHSTE SEITE)

Angenommen du strebst einen Jobwechsel an und deine Antwort auf die vorherige Frage würde lauten:

„Die Bewerbungsphase ist zu anstrengend und ich habe keine Zeit."

Frage dich: Was ist deine „Hin-zu- und Weg-von-Motivation"? (Ersteres beschreibt die zielorientierte Motivation, dich zu deinem Wunschzustand in der Zukunft hinzubewegen. Zweiteres hingegen beschreibt die Motivation, dich von deinem Problem oder einer unangenehmen Situation wegzubewegen). Was ist es dir wert deine aktuelle Situation zu verändern? Gehe tiefer und frage dich, was der wahre Grund sein könnte: Ist das vielleicht nur eine Ausrede? Angenommen ich schenke dir jetzt zwei freie Wochen – würdest du dich dann bewerben oder prokrastinieren?

Zerpflücke die Worte: Was bedeutet für dich „zu anstrengend"? Du steckst Energie in etwas hinein und möchtest gute Ergebnisse dafür erhalten? Besteht die Möglichkeit Energie hineinzustecken und schlechte Ergebnisse zu erhalten? Was macht das mit dir? Ist hier vielleicht eine Angst unter der Ausrede „es ist zu anstrengend und ich habe keine Zeit" versteckt? Eine Angst zu versagen und es deshalb erst gar nicht zu versuchen? Angenommen du würdest bei dem Bewerbungsprozess versagen – was würde das mit dir machen? Wie würde sich das anfühlen im Außen abgelehnt zu werden? Was löst das in dir aus? Vielleicht das Gefühl nicht gut genug zu sein? Warum wäre das so schlimm?

Es könnte ein tief verankerter Glaubenssatz sein.

Der Glaubensssatz „nicht gut genug zu sein" wäre somit bestätigt und „keine Zeit für die Bewerbungsphase" zu haben, wäre nur eine Ausrede, hinter der sich der Glaubensssatz verbirgt. Es ist nicht immer alles so, wie es scheint. Hinter unserem Verhalten, sowie hinter unseren Ausreden liegen oft versteckte Botschaften – wie beispielsweise eine unbewusste Angst vor dem Versagen.

FAZIT:

Hinter einer Vermeidung (oder hinter einer Ausrede) steckt meist viel mehr: ein Glaubenssatz, der zuerst aufgedeckt werden möchte, bevor wir ihn transformieren und in einen positiv bestärkenden Glaubenssatz umwandeln können.

AUFGABE: TRAGE DEINE LIMITIERENDEN GLAUBENSSÄTZE IN DIE MAUER BZW. IN DEN ROTEN BEREICH EIN

Der Kreis auf der folgenden Seite stellt deine Komfort- bzw. Wachstumszone dar. Deine zurückhaltenden Glaubenssätze sind wie eine (rote) Mauer um deinen „Ist-Zustand/Komfortzone" aufgebaut und können dich daran hindern in die Wachstumszone zu gelangen. Wenn du herausfindest, aus welchem „Material" (=Glaubenssätze) deine Mauer gebaut ist, kannst du diese leichter mit den entsprechenden Tools aufbrechen. Dann kannst du deine zurückhaltenden Glaubenssätze durch neue Motivierende ersetzen. Sie bekommen eine neue Aufgabe – dich bewusst zu stärken, anstatt dich unbewusst herunterzuziehen.

Die Aufgaben auf den folgenden Seiten können dich dabei unterstützen deine limitierenden Glaubenssätze herauszufinden. Sobald du sie entdeckt hast, kannst du sie auf Seite 41 in den roten Bereich eintragen.

LET´S CRUSH YOUR LIMITING BELIEFS!

 = Deine Zurückhaltenden Glaubenssätze

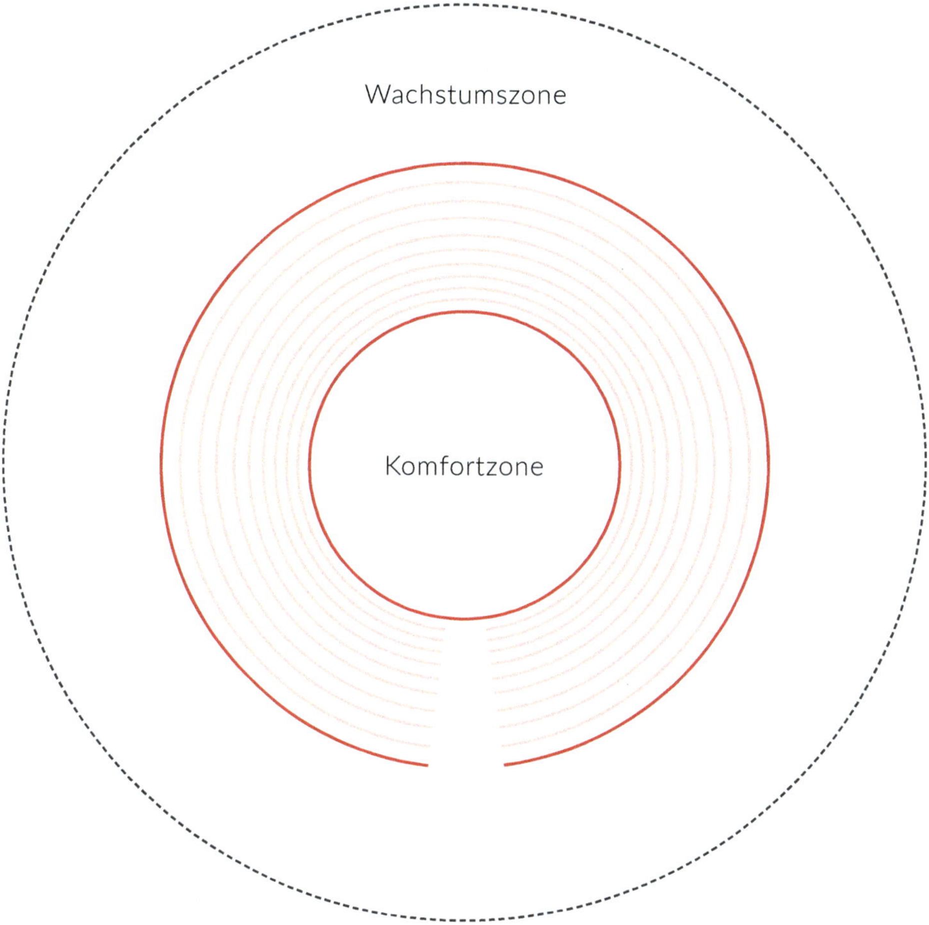

Wachstumszone

Komfortzone

AUFGABE: SCHREIBE DEINE GRÜNDE AUF, DIE DAGEGEN SPRECHEN DEINE SITUATION ZU ÄNDERN:

Gehe die Fragen anhand von meinem Beispiel durch, um herauszufinden, welche(r) Glaubenssatz bzw. -sätze bei dir darunterliegen. Oft sind es vor allem 1-2 Hauptglaubenssätze, die sich wie ein roter Faden durch dein Leben ziehen. Du kannst dir als Hilfestellung die Beispiel-Liste mit den Glaubenssätzen auf Seite 38 durchlesen.

AUFGABE: SCHREIBE DEINE GLAUBENSSÄTZE AUF (ES KANN AUCH NUR EINER SEIN)

Zum Beispiel „Ich bin nicht gut genug.“

UNTERSTÜTZENDE ÜBUNG ZUM ERKENNEN DEINER GLAUBENSSÄTZE
(leicht abgeändert aus dem Buch „Das Kind in dir muss Heimat finden" von der Psychologin Stefanie Stahl), (vgl. Stahl, 2015, S.70-73).

Wie zuvor schon beschrieben, entstehen unsere Glaubenssätze vor allem in der Kindheit. Im besten Fall entwickelt man als Kind ein ausgeprägtes Selbstvertrauen, das uns dann als Erwachsener verlässlich durch das Leben leitet. Allerdings kann sich dieses Vertrauen – durch bestimmte Erfahrungen aus der Kindheit – nicht richtig entfalten und beeinflusst uns dann negativ unterbewusst als Erwachsener (vgl. Stahl, 2015, Klappentext). Eine kurze Reise zurück in unsere Kindheit kann uns dabei helfen herauszufinden, welche zurückhaltenden Glaubenssätze wir haben.

----

1. Stelle dir hierfür eine Situation aus der Kindheit mit deiner Mutter und deinem Vater vor, in welcher du dich besonders missverstanden gefühlt hast. Notiere dir die negativen Eigenschaften deiner Eltern damals und das dabei aufkommende Gefühl (vgl. Stahl, 2015, S.70):

Eigenschaften Mutter:

Eigenschaften Vater:

Dein Gefühl damals:

----

2. Dachtest du als Kind eine bestimmte Rolle in der Familie zu haben und erfüllen zu müssen? (Falls es dir schwer fällt, dann versuche an unangenehme Situationen mit deinen Eltern aus der Kindheit zu denken.) (vgl. Stahl, 2015, S.71).

Beispiel: Manche Kinder verspüren den „Auftrag" die Eltern glücklich machen zu wollen, in dem sie immer lieb sind und gute Note nach Hause bringen.

Deine Rolle:

----

3. Notiere dir hier „typische" Sprüche deiner Eltern, als du ein Kind warst.

Beispiel: „War klar, dass du wieder zu spät kommst."; „War klar, dass du ein schlechtes Zeugnis nach Hause bringst."; „Du bekommst nichts auf die Reihe."; „Du bist faul."; „Du solltest weniger essen."; „Du bist genau wie xy."; „Nehme dir ein Beispiel an xy"; usw. (vgl. Stahl, 2015, S.71).

Typische Sprüche vom Vater:

Typische Sprüche von der Mutter:

----

4. Zuletzt denke darüber nach, wie die Beziehung zwischen deinen Eltern war und notiere die schwierigen Seiten davon. Haben sie zum Beispiel viel gestritten? Standest du oft dazwischen? Gab es eine offene Kommunikation (vgl. Stahl, 2015, S.71)?

Beispiel: Sie haben sich getrennt.; Sie haben viel gestritten.; Sie haben sich oft angeschwiegen.; Sie haben sich betrogen.; Sie haben über Geld gestritten.; usw. (vgl. Stahl, 2015, S.71).

Beziehung zwischen den Eltern:

----

5. Fühle in dich hinein und frage dich, inwiefern diese Situationen eine unbewusste Überzeugung in dir verankert haben könnten? Was hat das Verhalten deiner Eltern in dir bewirkt (vgl. Stahl, 2015, S.71-72)?

Hier geht es darum deinen negativen Glaubenssatz herauszufinden. Es geht nicht darum, ob das die Intention deiner Eltern war, sondern darum, wie du dich in den jeweiligen Situationen gefühlt hast. Als Kind bezieht man alles auf sich: Sind die Eltern zum Beispiel schlecht gelaunt, dann denkt das Kind automatisch (unterbewusst), dass es verantwortlich für die Laune der Eltern ist (vgl. Stahl, 2015, S.72). Jeder hat seine eigene Wahrnehmung. Besonders Kinder saugen Erfahrungen auf wie Schwämme und sehen sich im Fokus des Geschehens. Sie beziehen die negativen Emotionen auf sich selbst – auch wenn die Intention der Eltern bedingungslose Liebe ist. In dieser Übung geht es nicht darum, jemandem einen Vorwurf zu machen, sondern zu verstehen, was sich in unserem Unterbewusstsein abspielt. „In den allermeisten Fällen fühlt sich das Kind irgendwie verantwortlich für die Laune der Eltern und entwickelt daraus seine inneren Glaubenssätze." (Stahl, 2015, S. 72).

Als Hilfestellung kannst du dir das Merkblatt mit den Glaubenssätzen durchlesen. Lies die Liste durch und versuche herauszufinden, wann dein Gefühl bei den Glaubenssätzen in Resonanz geht. Welcher Satz fühlt sich vertraut an? Das kann ein Hinweis sein, dass dies einer deiner Glaubenssätze ist. (Wichtig: Glaubenssätze beginnen mit Formulierungen wie „Ich bin/Ich bin nicht/Ich kann/Ich kann nicht, etc.) oder können auch allgemeine Annahmen sein, wie z.B. die Welt ist gefährlich (vgl. Stahl, 2015, S. 72-73).

.

Deine Glaubenssätze:

„Deine negativen Glaubenssätze sind die Ursache für die Probleme, die du im Leben hast, sofern es sich um Probleme handelt, zu denen du einen eigenen Anteil mit beiträgst, und das sind alle Probleme, außer reine Schicksalsschläge. Also, ob du Probleme in der Arbeit, in deiner Beziehung oder mit deiner Lebensgestaltung hast – oder ob du unter Ängsten, Depressionen oder Zwängen leidest, egal was dein Problem ist, es hängt in jedem Fall mit deinen negativen Glaubenssätzen zusammen. Sie sind dein Störprogramm – so scheinbar unterschiedlich und kompliziert deine Probleme dir auch bei oberflächlicher Betrachtung vorkommen mögen, bei genauerem Hinsehen wirst du feststellen, dass sie sich auf eine einfache Grundstruktur reduzieren lassen." (Stahl, 2015, S. 76).

----

6. DEINE KERNGLAUBENSSÄTZE: Lese dir die zuvor herausgefundenen Glaubenssätze durch und versuche herauszufinden bei welchen 2-3 Glaubenssätzen du das intensivste Gefühl bekommst. Das ist ein Indiz dafür, dass es sich um deine Kernglaubenssätze handelt (vgl. Stahl, 2015, S.77-78).

Kernglaubenssätze:

VI
SCHUTZ-
STRATEGIEN

„WIE KANN ICH HERAUSFINDEN, OB MICH EIN GLAUBENS-SATZ LEITET?"

Ein Glaubenssatz kann einen auf unterschiedlichste Art und Weise leiten. Hier kommen die Schutzstrategien ins Spiel, denn oft macht sich ein Glaubenssatz erst durch eine Schutzstrategie bemerkbar. Wenn beispielsweise der Glaubenssatz „Ich bin nicht gut genug" unterbewusst verankert ist, kann eine mögliche Schutzstrategie darin bestehen, dass man nach Perfektion strebt, alles übertrieben gut machen möchte und man einen großen inneren Kritiker hat. Man strengt sich übermäßig an, weil man unbewusst Angst hat, dass jemand herausfinden könnte, dass man eigentlich doch nicht gut genug ist – für den Job, die Beziehung, die Freundschaft, für das Projekt, etc. (vgl. Stahl, 2015, S.89-90). Der Grund für ein Verhalten kann manchmal genau auf der anderen Seite liegen. Man läuft zum Beispiel schneller Gefahr, ein Burnout zu bekommen, wenn man unterbewusst den Glaubenssatz verankert hat, nicht gut genug zu sein, und die unbewusste Schutzstrategie des Perfektionismus anwendet. Man arbeitet sich schneller auf, wenn man sich selbst und anderen ständig beweisen möchte, dass man gut genug ist – bis man schließlich ausbrennt. Daher ist es wichtig, dass wir uns unseren Glaubenssätzen und Schutzstrategien bewusst werden, um diese für anstatt gegen uns zu nutzen und dementsprechend umzuwandeln. Es gibt sehr viele unterschiedliche Glaubenssätze und somit auch viele unterschiedliche Schutzstrategien.

Ein weiteres Beispiel für eine Schutzstrategien erkläre ich anhand des unterbewusst verankerten Glaubenssatzes „nicht hübsch" zu sein. Auch dieser Glaubenssatz kann im gegenteiligen Verhalten münden – in der Schutzstrategie „Schönheitswahn". Man trainiert übermäßig viel oder ist extrem auf sein Äußeres bedacht, damit niemand die Schwachstelle entdeckt, dass man eigentlich selbst der Überzeugung ist, nicht hübsch genug zu sein. Egal, um welchen Glaubenssatz es sich handelt, es gibt immer eine passende Schutzstrategie dazu, die sich entweder in einer Übertreibung, Vermeidung oder auch Resignation bemerkbar macht.

------------------------------------ Ⓐ ------------------------------------

AUFGABE: SCHREIBE HIER DEINE SCHUTZSTRATEGIE/N AUF

Merke
SCHUTZ-
STRATEGIEN

ÜBERBLICK ÜBER MÖGLICHE UNBEWUSSTE SCHUTZSTRATEGIEN
(vgl. Stahl, 2005, S.90-137)
SCHUTZSTRATEGIEN = SELBSTSCHUTZ:
VERMEIDUNG, ÜBERTREIBUNG ODER RESIGNATION

- Realitätsverdrängung
- Opferdenken
- Perfektionismus
- Schönheitswahn
- Sucht nach Anerkennung
- Harmoniestreben und Überanpassung
- Helfersyndrom
- Machtstreben
- Kontrollstreben
- Angriff und Attacke
- „Ich bleibe Kind"
- Flucht, Rückzug, Vermeidung
- Flucht in die Sucht
- Narzissmus
- Tarnung, Rollenspiel und Lügen usw.

(Zu den einzelnen Schutzstrategien gibt es auch wiederum Erklärungen, aber das würde an dieser Stelle den Rahmen sprengen (vgl. Stahl, 2005, S.89 ff.)).

VII
GEDANKEN LENKEN

—

Unser Denken kann Erfolg oder Niederlage beeinflussen. Jede Idee beginnt zuerst mit einem Gedanken und dieser kann alles verändern. Wir sind dazu in der Lage unsere Gedanken bewusst zu leiten. Dabei ist es hilfreich zu wissen, dass unser Gehirn nicht unterscheiden kann, ob es sich bei den Gedanken um die Realität oder um eine Vorstellung handelt. Stelle dir zum Beispiel vor du beißt in eine saure Zitrone. Vermutlich läuft dir das Wasser im Mund zusammen, oder? Dein Gehirn kann nicht unterscheiden zwischen Einbildung und Realität. Dieses Beispiel suggeriert die Macht unserer Gedanken. Wir können unserem Gehirn – im Positiven als auch im Negativen – etwas vormachen. Bist du mit deinen Gedanken ständig in der Zukunft, in Sorge oder Angst, denkt dein Gehirn, dass dies der Realität entspricht – dementsprechend geht es einem schlecht. Verändert man seine Gedanken in eine positive Richtung, kann „Fülle" zu deiner Realität werden. Wie verändert man seine Gedanken in diese Richtung? Am allerwichtigsten ist hierbei ein Perspektivwechsel. Stelle dir vor, dass du ab sofort deinen Fokus auf das richtest, was du hast, anstatt darauf, was dir fehlt. Wenn du anfängst, bewusst tägliche Dankbarkeit zu praktizieren für die Dinge die du hast, wird allein das einen großen Teil zu deinem Perspektivwechsel beitragen können. Du erschaffst deine eigene Realität, denn es kommt auf die Wahrnehmung der Dinge an:

„DU SIEHST DIE WELT NICHT SO WIE SIE IST, SONDERN SO WIE DU BIST." (MOOJI)

Der amerikanischer Neurowissenschaftler Dr. Joe Dispenza bringt in einem Interview die Macht unserer Gedanken auf den Punkt: Alles, was wir in unserem Leben haben, ist dieser einzige Moment. Wenn wir mit unseren Gedanken überall sind, aber nicht im Jetzt, verpassen wir unser Leben:

Dr. Joe Dispenza: „Die Menschen wachen morgens auf und beginnen über ihre Probleme nachzudenken. Diese Probleme sind wie Schaltkreise – Erinnerungen im Gehirn. Jede dieser Erinnerungen ist mit Menschen und Dingen zu bestimmten Zeiten und Orten verbunden. Das Gehirn ist wie eine Aufzeichnung der Vergangenheit und du denkst bereits in dem Moment, in dem du deinen Tag beginnst in der Vergangenheit. Jede dieser Erinnerungen hat eine Emotion. Emotionen sind das Endprodukt vergangener Erfahrungen. In dem Moment, in dem du dich an deine Probleme erinnerst, fühlst du dich plötzlich unglücklich. Wie man denkt und fühlt, kreiert den Seinszustand. Der gesamte Seinszustand des Menschen zu Beginn des Tages liegt in der Vergangenheit. Was bedeutet das? Die bekannte Vergangenheit wird früher oder später eine vorhersehbare Zukunft sein. (...) Wie fängt man an Veränderungen vorzunehmen? Du musst über den analytischen Verstand hinausgehen, denn was das Bewusstsein vom Unterbewusstsein trennt, ist der analytische Verstand. Hier kommt Meditation ins Spiel, denn du kannst den Menschen durch Übung beibringen, wie sie ihre Gehirnwellen verändern und verlangsamen können. Wenn sie das richtig tun, betreten sie das Betriebssystem, in dem sie einige wirklich wichtige Änderungen vornehmen können.“ (Dr. J. Dispenza, 2019, 02:58–03:45; 5:15-5:40).

Wie schaffen wir es in unserem wirren Gedankenchaos durchzugreifen und die Leitung zu übernehmen? Durch Übung! Vor allem durch Achtsamkeits- und Meditationsübungen. Hier stelle ich dir hilfreiche Tools vor, um deine Gedanken durch Übung in die gewünschte Richtung zu lenken.

AUFGABE 1: „GEDANKEN BEOBACHTEN"

Das ist nützlich, wenn du ständig in Gedankenspiralen hängst. Lerne deine Gedanken zu beobachten, anstatt dich mit ihnen zu identifizieren, denn wie der erfolgreiche Autor Eckhart Tolle sagt „DU BIST NICHT DEINE GEDANKEN" (vgl. Tolle, 2019, S. 25 ff.).

Wie beobachtet man seine Gedanken (vgl. Bechert Möckel, 2021)?

Dafür machen wir ein kurzes Experiment: Denke einen beliebige Gedanken z.B. „Ich würde gerne in den Urlaub fahren, weil ich Fernweh habe" und frage dich:

1. Wer hat diesen Gedanken gedacht und wie hat derjenige den Gedanken wahrgenommen, z.B. als Wort/Bild/Gefühl?

2. Wenn du es warst, der/die den Gedanken gedacht hat – wer hat dann beobachtet, wie du den Gedanken wahrgenommen hast?

3. Wenn du es bist, der/die den Gedanken gedacht hat, wie kannst du den Gedanken dann gleichzeitig beobachten?

4. Was ist das Fazit daraus?

Es gibt einen Unterschied zwischen einen Gedanken entstehen lassen und ein Gedanke zu sein. Du BIST nicht deine Gedanken. Wenn du der Gedanke wärst, dann hättest du keinen Einfluss auf sie und könntest sie nicht beobachten (vgl. Bechert Möckel, 2021).

Wenn du der bist, der den Gedanken nur entstehen lässt, dann hast du einen Einfluss darauf. Das heißt du kannst beliebige Gedanken entstehen lassen, weil zwischen dir und deinen Gedanken eine Distanz besteht. Du kannst sie überprüfen, verändern und entscheiden, ob du einen Gedanken glauben möchtest oder nicht.

Es ist deine Entscheidung, ob du einen Gedanken weiter verfolgen oder loslassen möchtest (vgl. Bechert Möckel, 2021). Gedanken sind so mächtig und du kannst sie für dich nutzen oder dich von ihnen benutzen lassen. Du entscheidest das. Die Voraussetzung ist, dass du dich in der Gedanken-Beobachtung übst.

Beispiel für den gewöhnlichen Ablauf unserer Gedanken: --------------------------

Gedanke: „Ich schaffe das sowieso nicht"

1. Identifikation mit dem Gedanken – ich halte es für die Realität.

2. Negatives Gefühl folgt, weil ich davon überzeugt bin, dass der Gedanke wahr ist und ich bin in einem Gedankenkarussell gefangen.

3. Ich komme nicht ins Handeln.

Beispiel für den Ablauf mit Gedanken-Beobachtung: -----------------------------

Gedanke: „Ich schaffe das sowieso nicht"

1. Beobachtung des Gedankens anstelle der Identifikation – ich hinterfrage, ob der Gedanke der Realität entspricht.

2. Es folgt in diesem Fall nicht direkt ein negatives Gefühl, denn ich habe eine Distanz zwischen dem Gedanken und mir geschaffen. Ich bin nicht überzeugt davon, dass der Gedanke der Wahrheit entspricht und ich bin folglich nicht direkt in einem emotionalen Gedankenkarussell gefangen.

3. Ich kann anders handeln als gewohnt.

AUFGABE 1.2: METHODE „THE WORK" VON BYRON KATIE
(VGL. BYRON KATIE, 2012, S.21)

Diese Methode ist perfekt, um dein Gedankenkarussell und Grübeln zu stoppen (vgl. Bechert Möckel, 2021). Wie geht es weiter, wenn du einen Gedanken beobachtet und erkannt hast – anstatt dich mit ihm zu identifizieren? Dann kommt die Methode „The Work" von Byron Katie ins Spiel: „Methode zur Relativierung negativer Gedanken" – diese besteht aus vier Fragen und zwei weiteren Schritten, die deine Perspektive verändern werden (vgl. Byron Katie, 2012, S.21):

1. Ist der Gedanke (z.B. „Ich schaffe das nicht") wahr?

----

2. Kannst du dies mit absoluter Sicherheit wissen, dass es wahr ist?

----

3. Wie reagierst du bzw. was passiert in dir, wenn du diesen Gedanken glaubst? (Beschreibe auch die körperliche Empfindung) Wie behandelst du dich und andere Personen, wenn du diesen Gedanken glaubst?

----

4. Wer wärst du ohne diesen Gedanken bzw. wenn du diesen Gedanken nicht glauben würdest?

----

5. Umkehrung des negativen enttarnten Gedankens in einen positiven Gedanken. Beispielsweise „Ich schaffe das nicht" wird zu „Ich schaffe das, weil ..."

----

6. *Schreibe dir drei Beweise oder Begründungen für den positiven Gedanken auf (z.B. ich schaffe das, weil ich viel Erfahrung gesammelt habe).*

Merke:

Immer wenn dir ab sofort ein stressiger Gedanke in die Quere kommt, gehst du die zuvor genannten Fragen durch und erinnerst dich an die Umkehrung mit den drei Beweisen, zum Beispiel „Ich kann jetzt anfangen meiner Vision zu folgen, weil mir nichts dazu fehlt, ich kompetent bin und ich mir die Zeit nehmen kann." Wendest du diese Übung regelmäßig an, wird sich allein dadurch deine Wahrnehmung schon verändern.

Unsere innere Wahrheit weicht oft von der Realität ab, da wir alles aus unsere eigenen Perspektive sehen – aufgrund von Erfahrungen aus der Vergangenheit. Wir machen uns zum Beispiel Sorgen um die Zukunft, obwohl es manchmal objektiv gesehen keinen Grund gibt. Daher ist es wichtig die innere Wahrheit zu hinterfragen.

Beispiele:

Ist es wahr, dass du jetzt noch nicht damit anfangen kannst deiner wahren Vision zu folgen, weil dir dafür die Zeit fehlt? Oder ist das vielleicht unterbewusst ein Glaubenssatz (z.B. „Ich schaffe das nicht"), der dich hier zurückhält? Was passiert, wenn du immer denkst, dass dir die Zeit fehlt, um zu starten? Und was würde passieren, wenn du den Gedanken nicht mehr glauben würdest? Was würde sich ändern?

Welcher Gedanke wiederholt sich bei dir, der objektiv gesehen nicht wahr ist? Wovon hält dich dieser ab? Mache mit diesem Gedanken die Übung „The Work" und schreibe oben unter 1.-6. deine persönlichen Antworten dazu auf.

Durch Achtsamkeit Gedanken beobachten ist das A&O. Nur so kannst du herausfinden, welche Programme und Glaubenssätze dich leiten. Hier zeige ich noch einmal ein Fallbeispiel, um die zuvor beschriebene Methode „The Work" von Byron Katie zu veranschaulichen:

Möglichkeit a:

Du denkst dir, dass dich dein Kollege nicht leiden kann, weil er dich immer so komisch ansieht. Du identifizierst dich mit dem Gedanken, dass er dich vermutlich nicht mag. Deshalb gehst du auf Distanz. Dein Kollege reagiert daraufhin ebenfalls mit Distanz, weil er davon ausgeht, dass du ihn nicht leiden kannst – Schließlich bist du distanziert zu ihm und fragst ihn nie, ob er mit zum Mittagesssen kommen möchte. Seine Distanz wiederum bestärkt dich in dem Glauben, dass er dich nicht mag und so wurde aus einem Gedanken (= „Mücke") ein Elefant.

Möglichkeit b:

Du beobachtest und hinterfragst deinen Gedanken: „Ist mein Gedanke wirklich wahr?" Du stellst fest, dass du dir nicht sicher sein kannst, ob der Gedanke wahr ist, denn vielleicht schaut er jeden so komisch an. Das ist einfach sein normaler Blick. Es gibt 100.000 verschiedene Analyse-Möglichkeiten. Du entscheidest dich ihn einfach zu fragen, ob er mit in die Mittagspause kommen möchte. Du fragst ihn, wie es ihm geht und findest heraus, dass es ihm im Moment schlecht geht. Das erklärt auch sein unfreundliches Gesicht. Es hat aber nichts mit dir zu tun.

Frage dich, was passiert wäre, wenn du diesen Gedanken geglaubt hättest? Wiederholt sich der Gedanke, dass er dich nicht mag, wird das zu deiner Überzeugung, obwohl sein Blick nichts mit dir zu tun hat. Es entsteht grundlos eine große Distanz zwischen euch und eine ganz andere Situation, als wenn du den Gedanken nur beobachtet und dich nicht damit identifiziert hättest.

Wie zuvor schon erwähnt: Du kannst deine Gedanken leiten. Der erste Schritt besteht darin, dir über deine „negativen" Gedanken (welche meist ein Muster ergeben), bewusst zu werden, diese zu hinterfragen und durch „positive" Gedanken zu ersetzen. Am Anfang ist das etwas schwieriger, weil uns die negativen Denkmuster schon Jahrzehnte lang begleiten. Durch regelmäßige Übung wird es allerdings leichter.

Wie durchbricht man ein Muster?

Du kannst ein Muster öffnen, indem du eine Kleinigkeit veränderst und das regelmäßig wiederholst. Das erste Aufbrechen des Musters ist die Bewusstwerdung darüber, dass du ein negatives Denkmuster hast. Wenn du dich das nächste Mal dabei erwischt einen negativen Gedanken zu haben, ersetze diesen durch einen Positiven mit der Anleitung „The Work". Vielleicht hast du das Gefühl, dass du in gewissen Situationen immer negativ denkst, aber allein zu erkennen, dass du ein gewissen Denkmuster hast, ist die halbe Miete. Den Gedanken mit einem Positiven zu ersetzen ist die andere Hälfte:

Beispiel negativer Gedanke:

„Ich werden diese Wohnung sowieso nicht bekommen, weil es so viele Mitbewerber gibt."

1. Gedanke beobachten und erkennen, dass es ein negativer Gedanke ist.
2. Gedanke stoppen und hinterfragen (Mit der Anleitung „The Work").
3. Gedanke durch einen positiven Gedanken ersetzen (Mit der Anleitung „The Work").

Beispiel positiver Gedanke:

„Ich werde diese Wohnung bekommen, weil ich Rücklagen habe, einen festen Job und mit meiner aufgeschlossenen Art überzeugen kann."

Es ist wichtig, an dich zu glauben und daran, dass deine Gedanken die Macht haben etwas zu verändern!

Wir alle haben unbewusst negative Gedanken immer wieder gedacht. Dadurch sind sie zu unserem negativen Glaubenssatz geworden. Wir können den Spieß umdrehen, indem wir positive Gedanken bewusst immer wieder denken und dadurch zu einem neuen positiven Glaubenssatz kommen. Achtsames Beobachten deiner Gedanken ist die Voraussetzung für die Veränderung deiner Gedanken.

AN EINEN BESTIMMTEN GEDANKEN IMMER WIEDER ZU DENKEN WIRD ZU EINEM GLAUBENSSATZ.

Neuroplastizität kommt uns dabei zugute:

Neuroplastizität ist die Fähigkeit des Gehirns, sich fortlaufend an Anforderungen anzupassen und sich dementsprechend zu verändern. Unser Gehirn kann sich selbst reorganisieren, indem es neue Nervenzellenverbindungen – als Reaktion auf neue Zustände – bildet. Diese Veränderungen treten immer auf, wenn wir Neues lernen. Auf gleiche Weise vermitteln unsere positiv ausgerichteten Gedanken unserem Gehirn, anders zu denken. Dadurch kann sich deine Sichtweise und somit auch deine Realität verändern (vgl. Was ist Neuroplastizität, 2022).

AUFGABE 2: „ICH MUSS ...“ DURCH „ICH WILL ...“ ERSETZEN

Diese Methode ist nützlich, um aus dem Alltag etwas Druck zu nehmen: Klingt banal, ist aber effektiv. Den ganzen Tag plagen uns zeitweise Gedanken, was wir denn noch alles erledigen „müssen“. Das steigert das Stresslevel. Allerdings vergessen wir dabei, dass wir genau genommen gar nichts müssen, außer wieder zu lernen im Moment zu sein. Versuche deine Gedanken zu beobachten: Wie oft sagst du „Ich muss ...“. Wenn du dich dabei ertappst, wandle es in „Ich will ...“ um und beobachte, wie sich dabei dein Gefühl ändert von „Ich muss heute noch einkaufen gehen“ zu „Ich will heute noch einkaufen gehen“. Was hört sich „stressiger“ an? Überdenke in den Situationen, in denen es sich nicht wie ein „wollen“ anfühlt, ob es dann das Richtige ist und sei dir bewusst, dass wir immer drei Möglichkeiten haben:

1. *Eine Situationen verändern.*
2. *Eine Situation verlassen.*
3. *Eine Situation akzeptieren.*

Egal, für was du dich entscheidest, richte deinen Fokus zu 100% auf die Veränderung, das Verlassen oder die Akzeptanz. Setze genau das um, was du willst, anstatt das, was du denkst zu müssen.

AUFGABE 3: „WAS MÖCHTEST DU STATTDESSEN DENKEN?"

Diese Übung ist nützlich, um unseren Gedanken eine neue Routine zu geben. Es ist schwieriger an einen bestimmten Gedanken NICHT zu denken, als einen konkreten Gedanken durch einen anderen zu ersetzen. Versuche beispielsweise nicht an einen rosa Elefanten zu denken. Was passiert? Du denkst daran. Die Verneinung ist für unser Gehirn schwer zu verstehen. (Daher sind auch die Formulierungen unserer Ziele wichtig. Wenn wir sagen „Ich möchte nicht mehr so lange schlafen und so faul sein" wird es einem schwer fallen das umzusetzen. Sagt man stattdessen beispielsweise „Ich möchte früh aufstehen und produktiv sein" bekommt dieses Ziel eine ganz neue Motivation.

Ich erkläre das wieder anhand von einem Beispiel:

Du möchtest einen anderen Job, aber du beginnst nicht mit der Bewerbungsphase, weil du unbewusst der Überzeugung bist, dass die anderen besser sind als du. Anstatt darüber nachzudenken, warum du dafür nicht gut genug sein könntest, verändere deine Gedanken und frage dich, warum du gut genug für den neuen Job bist. Wenn du der Überzeugung bist, dass es nicht klappen wird, wird vermutlich auch genau das eintreffen. Das nennt sich selbsterfüllende Prophezeiung (vgl. Glaser, 2019, S.82). Man strahlt seine innere Einstellung aus. Wenn du dir stattdessen darüber bewusst wirst, was für dich spricht, erhöhst du die Chancen, dass du den Job bekommst, weil du dadurch das nötige Selbstvertrauen und die nötige Sicherheit ausstrahlst.

Was sind die Gründe, die dafürsprechen, warum du (dein/e Thema/Themen, das sich in deiner Wachstumszone befindet) schaffen kannst?

1. _____

2. _____

3. _____

4. _____

AUFGABE 4: „WORST-CASE VS. BEST-CASE SZENARIO"

Diese Übung ist nützlich, um dich noch mehr darin zu bestärken, deinen Zielen zu folgen. Wenn wir etwas Neues ausprobieren oder eine Veränderung bevorsteht, gehen wir oft von dem Worst-Case-Szenario aus. Das macht uns Angst, sodass wir keine Actionsteps unternehmen und in unserer Komfortzone bleiben. Drehe den Spieß ab sofort um. Jedes Mal, wenn du nun über das Worst-Case-Szenario anfängst nachzudenken, dann ersetze es durch das Best-Case-Szenario.

Was ist das Best-Case-Szenario in Bezug auf dein Thema?

AUFGABE 5: „CAN'T CHANGE IT PHILOSOPHIE" (HAL, EROD, 2009)

Diese Übung ist gut, damit dir Kleinigkeiten nicht mehr so schnell den Tag vermiesen. Wie oft ärgerst du dich über Dinge, die du nicht ändern kannst?

Stelle dir vor du hast 86.400 Euro auf deinem Bankkonto und dir werden grundlos zehn Euro abgebucht. Würde das deinen gesamten Tag ruinieren und den Wert des restlichen Geldes mindern? Eher nicht. Stelle dir vor du hast 86.400 Sekunden am Tag und zehn Sekunden davon laufen richtig blöd, weil du dir zum Beispiel den Kaffee über die Hose schüttest. Würde das deinen gesamten Tag ruinieren und den Wert der restlichen Zeit mindern? Schon eher möglich. Manchmal ruinieren uns ein paar Sekunden oder Minuten den kompletten Tag und die negative Energie zieht sich hindurch wie Kaugummi.

Du kannst dich jetzt dafür entscheiden, die Akzeptanz einer Situation zu wählen, wenn das nächste Mal etwas Banales passiert, dass du nicht ändern kannst. Du kannst dich darin üben, das Leben zu akzeptieren, bevor es passiert ist. Zeit ist so wertvoll. Lasse dir den Wert deiner Zeit nicht nehmen, nur weil zehn Sekunden davon schief laufen. Wenn du das übst, fällt es dir leichter, Dinge zu akzeptieren, die normalerweise die Macht gehabt hätten, deinen kompletten Tag zu ruinieren (Hal, Erod, 2009).

Wenn etwas passiert, dann nehme dir fünf Minuten, ärgere dich bewusst darüber und sage zu dir selbst: „Es ist schon passiert und ich kann es nicht ändern. Was ich ändern kann, ist hingegen meine Einstellung zu dem was passiert ist." Atme tief ein und mit der Ausatmung: Let it go. Das spart dir viel Zeit und Nerven. Umso öfter du diese Übung wiederholst, desto mehr wird es sich verinnerlichen. Wenn es dann zur Gewohnheit geworden ist, ärgerst du dich automatisch weniger. Es geht um eine kleine Veränderung in deiner Gewohnheit, die einen großen Impact auf dein Leben haben kann. Ein kleiner Aufwand von 20% bringt dir ein großes Ergebnis von 80%. Überzeuge dich selbst davon und probiere es aus. Es kann deinen Tag zu einem Besseren machen.

AUFGABE 6: „DANKBARKEIT AM MORGEN VERTREIBT KUMMER UND SORGEN"

Diese Übung ist wertvoll, um mit einem guten Tagesbewusstsein in den Morgen zu starten. Du stellst damit die Weichen für einen erfolgreichen Tag. Etabliere eine Morgenroutine, um deinen „Akku aufzuladen". Widme zuerst die Zeit dir selbst, bevor du sie während des Tages anderen widmest.

Schreibe dir hierfür jeden Morgen drei Dinge auf, für die du dankbar bist. Das hilft dir dabei, den Fokus auf das zu richten, was du hast, anstatt darauf, was dir fehlt. Wird das zu deiner Gewohnheit, fühlst du dich automatisch glücklicher, obwohl sich im Außen nichts verändert hat. Es hat sich lediglich deine Einstellung zu den Dingen verändert. Durch regelmäßig bewusst praktizierende Dankbarkeit ziehst du noch mehr von den Dingen an, für die du dankbar sein kannst. Konzentrierst du dich hingegen ständig darauf, was dir fehlt, wirst du auch das anziehen.

Aus diesem „Werkzeugkoffer" kannst du dich ab sofort jederzeit bedienen, je nachdem welche Tools am besten zu dir und deinem Thema passen. Das Wichtigste ist die regelmäßige Übung. Wir können unsere Gedanken wie einen Muskel trainieren. Wenn wir einmal ins Fitnessstudio gehen, werden sich am nächsten Tag noch keine sichtbaren Muskeln bilden. Es braucht Zeit und eine Regelmäßigkeit. Es geht darum eine neue Gewohnheit aufzubauen, denn letztendlich bringen uns gute Gewohnheiten schneller zum Ziel. Umso öfter du dich im „Gedanken verändern" übst, desto schneller baust du eine Gewohnheit auf und erzielst die gewünschten Ergebnisse. Schließlich wollen wir eine nachhaltige Veränderung erreichen. Wende diese Übungen so oft es geht an. Du kannst es dir anfangs aufschreiben, um es schneller zu verinnerlichen oder du gehst die Übungen in Gedanken durch. Das Wissen über die Übungen allein ist relativ machtlos. Die regelmäßige Anwendung ist absolut machtvoll.

VIII
UMPROGRAM-
MIERUNG

———

Nachdem du dir über deine Glaubenssätze, Schutzstrategien und Hintergründe bewusst geworden bist, geht es darum diese zu verändern bzw. „umzuprogrammieren". Du darfst deinen Verstand jetzt vom Gegenteil überzeugen. Nehmen wir wieder als Beispiel den Glaubenssatz „Ich bin nicht gut genug". Wie zuvor schon erklärt, haben wir in der Vergangenheit Erfahrungen gemacht, die uns immer wieder in dem Glaubenssatz bestärkt haben. Dieses Gefühl wurde zu einem unterbewussten Glauben und zu unserer Überzeugung. Jede weitere Erfahrung, die dies bestätigt, wurde wie ein „Beleg dafür" gesammelt. Wenn man unterbewusst von etwas überzeugt ist, dann reicht allein die bewusste sprachliche Ebene nicht aus, um das zu verändern.

Wir dürfen neue Erfahrungen sammeln und ein neues Gefühl integrieren – so oft, bis wir zu einer neuen Überzeugung gekommen sind. Zu einer Überzeugung, welche durch neue „Belege" „nicht gut genug zu sein" nicht mehr erschüttert werden kann, weil nun der Glaube an sich selbst im Vordergrund steht. Diese innerliche Veränderung bewirkt, dass wir die Erfahrungen im Außen anders wahrnehmen können. Daher geschieht die „Umprogrammierung" nicht nur auf der bewussten sprachlichen Ebene, sondern auch auf unbewusster Ebene. Wir tricksen unseren Kopf durch eine spezielle Methode aus, wodurch eine nachhaltige Veränderung erreicht werden soll.

Warum ist es so wichtig, sowohl unser Bewusstsein, als auch unser Unterbewusstsein miteinzubeziehen? Es ist wissenschaftlich bewiesen, dass 95% unserer Gedanken, Handlungen und unseres Verhaltens dem Unterbewusstsein entspringen. Lediglich die restlichen fünf Prozent werden bewusst ausgeführt. Daher steckt gerade im Unterbewusstsein so viel Kraft.

DAFÜR MÖCHTE ICH DIR FOLGENDES KONZEPT VORSTELLEN:

Affirmationen (Positive Selbstbekräftigungen wie beispielsweise „Ich habe grenzenloses Potenzial") sind ein wesentlicher Bestandteil des Konzepts. Warum? Ich erkläre es anhand eines Vergleichs: Versuche dir dein Gehirn wie ein Ranking mit fünf Sternen vorzustellen. Hast du in deinem Leben zum Beispiel 50-mal die Erfahrung gemacht etwas nicht zu können, nicht gut genug zu sein oder abgelehnt zu werden ist das mit 50 negativen Bewertungen in einem Ranking vergleichbar. Demzufolge hast du derzeit nur einen Stern. Um hier ein „besseres Ranking" zu erhalten, brauchst du jetzt mindestens 50 positive Bewertungen, um selbst von dem Gegenteil überzeugt zu sein – dass du genug bist. Der Unterschied zu einem normalen Ranking besteht darin, dass du dir selbst die 50 positiven Bewertungen geben darfst.

Es hilft dabei nicht die bloße Bestätigung im Außen zu bekommen, da diese eine gewisse Abhängigkeit auslöst, die an Bedingungen geknüpft ist. Fällt dies im Außen weg, dann bleibt auch die Bestätigung aus. Du wirst nie einen Einfluss auf die Bewertung von Außen haben, denn jeder hat seine eigene Wahrheit, aber du hast einen Einfluss auf die Meinung über dich selbst. Es triggert dich dann weniger, weil deine innere Überzeugung einer anderen entspricht. Dich wird Ablehnung im Außen nur triggern, solange du dich selbst nicht zu 100 % angenommen hast. Wenn dich etwas triggert, dann weist dich das lediglich auf ein Thema hin, dass noch bearbeitet werden darf, denn deine Mitmenschen sind wie ein Spiegel deiner selbst. Durch sie siehst du welches Thema Heilung bedarf.

Durch Wiederholungen von positiven Affirmationen wird dein Unterbewusstsein neu programmiert. Wenn du dir zum Beispiel jeden Tag aufschreibst, dass du gut genug bist, aber es einfach nicht fühlst, dann reicht das allein nicht aus, weil eine andere Überzeugung in dir schlummert. Diese Überzeugung in deinem Unterbewusstsein wollen wir verändern.

WIE BEKOMMEN WIR DIESEN ZUGANG?

Hier kommen unsere Gehirnwellen ins Spiel. Durch Gehirnscans hat man folgendes herausgefunden: Wenn unsere Gehirnwellen in der sogenannten „Theta-Frequenz" sind, ist unser Unterbewusstsein besonders beeinflussbar (vgl. Befuss, 2020). Unser Bewusstsein ist in diesem Zustand „schläfrig" und kann sich weder einschalten noch kritisieren. Während einem entspannten Zustand wechseln unsere Gehirnwellen in die Theta-Frequenz beispielsweise während einer Massage, Meditation oder kurz vor dem Einschlafen. Vielleicht kennst du die folgende Situation: Du bist kurz vor dem Einschlafen und plötzlich fragt dich die Person neben dir etwas und du antwortest auf diese Frage. Am nächsten Tag erinnerst du dich nicht mehr richtig daran. Du bist dir nicht sicher, ob es real oder doch nur ein Traum war. Unser Bewusstsein ist „offline", unser Unterbewusstsein dagegen ist „online". In diesem Zustand kann man negative Überzeugungen verändern. Außerdem ist es wissenschaftlich bewiesen, dass Theta-Gehirnwellen das Wohlbefinden und die Widerstandsfähigkeit steigern (vgl. Shi 2018, Miyagi 2020).

WIE KÖNNEN WIR DIESEN WERTVOLLEN ZUSTAND BEWUSST ERREICHEN?

Hier kommen Tonfrequenzen ins Spiel. Durch bestimmte Töne (Theta-Frequenzen) kann unser Gehirn stimuliert werden, sodass man leichter in diesen Zustand kommt, z.B. mit spezieller Entspannungsmusik. Gehirnwellen werden durch Frequenzwellen beeinflusst (vgl. Pauli, 2021). Darüber hinaus ist unser Gehirn neuroplastisch. Das heißt es verändert sich bzw. es entstehen neue Verbindungen, wenn wir etwas öfter wiederholen. Es heißt, dass sich nach **frühestens** 21 Tagen eine neue Gewohnheit aufbauen kann (im Durchschnitt jedoch 66 Tage), wenn wir es jeden Tag wiederholen (vgl. Alltagsforschung, 2010). Das heißt wir denken dann nicht mehr darüber nach, sondern wir tun es einfach automatisch. Es ist wie ein neues Programm in unserem Unterbewusstsein. Stelle dir dein Unterbewusstsein wie ein Betriebssystem auf deinem Laptop mit einer veralteten Software vor. Dieses System soll nun ein Update mit dem neuen Programm „positiv Denken" bekommen.

WAS MACHEN WIR AUF UNTERBEWUSSTER EBENE?

Wir machen uns das „Gesetz der Neuroplastizität und der Gehirnwellen" in Form einer erstellten speziellen 21 Tage-Meditation mit Theta-Frequenzen-Sound und Silent Subliminals zunutze, die ich gleich näher erläutern werde. Die Meditation kannst du über den QR-Code auf Seite 75 herunterladen. Diese 15-Minuten-Meditation kannst du dir täglich für **mindestens** 21 Tage am Stück vor dem Einschlafen anhören. Warum vor dem Einschlafen? Hier befindet man sich in der Theta-Frequenz-Gehirnwelle und das Unterbewusstsein ist damit leicht beeinflussbar (vgl. Befuss, 2020).

WARUM MINDESTENS 21 TAGE?

Wie zuvor schon beschrieben, ist es durch die Neuroplastizität möglich, dass sich nach mehrfacher Wiederholung einer bestimmten Sache neue Verbindungen im Gehirn aufbauen und nach minimum 21 Tagen eine neue Gewohnheit entsteht. Umso länger du dir die Meditation anhörst, desto mehr verändern sich demzufolge die Strukturen im Gehirn und die Gewohnheit verfestigt sich. Dazu kommt ein interessantes Tool namens „Silent Subliminals".

WAS SIND SILENT SUBLIMINALS?

Silent Subliminals sind positive Affirmationen (Selbstbekräftigungen) in einem so hohen Frequenzbereich, dass es für unser Ohr nicht mehr bewusst wahrnehmbar ist. Ein Erwachsener kann nur einen Frequenzbereich von ca. 16 Hz - 20.000 Hz bewusst hören. Dennoch ist es unbewusst wahrnehmbar. Du erinnerst dich vielleicht – 95% geschehen unterbewusst (vgl. Zaltman, 2003, S.50).

SCHWER VORSTELLBAR?

Ein Vergleich: Angenommen du fokussierst ein Objekt. Dir wird auffallen, dass alles links und rechts von deinem Blickfeld aus gesehen unscharf ist. Es liegt nicht bewusst in deinem Fokus, aber dein Unterbewusstsein wird aufnehmen, was seitlich davon passiert. Vielleicht siehst du sogar etwas in dem „unscharfen Bereich", das du in deinen Träumen verarbeiten wirst. So ähnlich ist das mit den Frequenzen. Alles über 20.000 Hz ist sozusagen der „unscharfe" Bereich rechts und links von uns.

Wenn du demzufolge 21 Tage am Stück eine Meditation mit positiven Selbstbekräftigungen als Silent Subliminals anhörst, dann kann es zwar dein Bewusstsein nicht wahrnehmen, aber dein Unterbewusstsein kann es aufnehmen.

Durch Wiederholungen wird unser Unterbewusstsein umprogrammiert und in einer neuen Annahme bestärkt. Es kann einen in Kombination mit der bewussten Arbeit nachhaltig verändern kann – wenn man das möchte. Natürlich erlangst du auch schon eine Veränderung, wenn du nur auf bewusster Ebene arbeitest.

IX
UNTER-
BEWUSSTSEIN

———

„BIS WIR UNS DAS UNBEWUSSTE BEWUSST MACHEN, WIRD ES UNSER LEBEN LENKEN UND WIR WERDEN ES SCHICKSAL NENNEN." (CARL GUSTAV JUNG)

Ich erkläre den Einfluss unseres Unterbewusstseins wieder anhand eines Beispiels: Durch negative Erfahrungen aus der Kindheit, wie beispielweise Mobbing und permanente Herabsetzung, kann sich der Glaubenssatz „nicht hübsch zu sein" etablieren. Dieser ist im Unterbewusstsein gespeichert und zu einer unbewussten Überzeugung geworden, da sich die Situation mehrmals wiederholt hat. Im Unterbewusstsein ist daraufhin ein Programm entstanden, welches die Gedanken, Gefühle und Verhaltensweisen leitet, ohne dass man davon weiß. Glaubt man daran, kein ansprechendes Aussehen zu haben, kann das im Erwachsenenalter dazu führen, dass man nicht gerne unter Menschen und lieber allein ist, weil man sich in der eigenen Haut unwohl fühlt.

Dabei ist man sich nicht bewusst, warum man nicht gerne unter Menschen ist, denn dieses Programm „ich bin nicht schön" leitet einen unbewusst. Es ist wie ein veraltetes Betriebssystem auf unserem Computer aus der Vergangenheit, welches ein Update im Jetzt braucht. Solange man sich dessen nicht bewusst ist, kann sich daran nichts ändern.

Angenommen eine Person würde einen darauf hinweisen und sagen: „Ich habe dein Problem durchschaut. Dein unterbewusster Glaubenssatz ist, nicht hübsch zu sein, und deshalb fühlst du dich unter Menschen unwohl. Stelle dich einfach jeden Tag vor den Spiegel und sage dir „Ich bin hübsch".“

WIRD DAS DEN GLAUBENSSATZ ÄNDERN?

NEIN. Das allein wird nicht ausreichen, denn wenn man von etwas überzeugt ist und von einem tief verankerten Glaubenssatz geleitet wird, dann sind die Gedanken allein relativ machtlos. Trotzdem sind sie mit der Grund für die Transformation des Glaubenssatzes.

WIE SOLL MAN DAS VERSTEHEN – IST DAS NICHT WIDER-SPRÜCHLICH?

Der ausschlaggebende Punkt ist, dass du daran glauben darfst, dass deine Gedanken die Kraft haben, deine limitierenden Glaubenssätze zu verändern. Erst der Glaube daran, gibt den Gedanken die Macht einen Glaubenssatz zu verändern. Der Gedanke „Ich bin hübsch", wird den vorangegangenen Beispiel-Glaubenssatz noch nicht verändern können, da es eine tief verankerte Überzeugung ist. ABER der Glaube daran, dass deine Gedanken die Macht haben können, einen Glaubenssatz zu verändern, wird eine positive Veränderung hervorbringen können.

DER GLAUBE AN ETWAS MACHT DEN UNTERSCHIED!

„LEARNING TO CREATE NEW THOUGHTS THAT WILL MOVE YOU IN THE RIGHT DIRECTION, BEGINS WITH THE BELIEF THAT THIS IS POSSIBLE AND GROWS FROM THERE." (ANONYM)

X
GEHIRNWELLEN

———

Gehirnwellen sind mittels EEG messbar und werden in fünf Zustände eingeteilt. Die vier Wichtigsten beschreibe ich in diesem Kapitel (vgl. Birbaumer, et. al., 2010, S. 469, 768-769).:

1. Delta 0-4 Hz: Schlaf
2. Theta 4-8 Hz: Tiefe Entspannung
3. Alpha 8-14 Hz: z.B. Kreativität
4. Beta 14-30 Hz: Konzentration

Jeder Zustand hat eine eigene Charakteristik. Wir gehen jeden Tag durch alle Zustände (einer ist vorherrschend):

Wenn wir schlafen, sind unsere Gehirnwellen langsamer: 0-4 Hz (Delta). Diese Gehirnwelle ist gut für Wachstum und Heilung. Deswegen zwingt uns unser Körper auch dazu, viel zu schlafen, wenn wir krank sind, denn dadurch heilen wir am schnellsten.

Wenn wir aufwachen und noch benommen sind, dann befinden sich unsere Gehirnwellen in der Theta-Frequenz: 4-8 Hz. Dieser Zustand wird auch durch tiefe Entspannung wie bei z.B. Massagen, Hypnose oder Meditation erreicht. Sind wir im „Theta-Zustand" ist unser Unterbewusstsein besonders beeinflussbar. Das Bewusstsein ist noch nicht richtig da. In diesem Zustand können wir unter anderem unsere limitierenden Glaubenssätze umprogrammieren, weil „Theta" die Brücke zwischen Bewusstsein und Unterbewusstsein schlägt. Stelle dir folgendes vor: Du bist gerade am Einschlafen und dich fragt jemand etwas. Wie hoch ist die Wahrscheinlich-

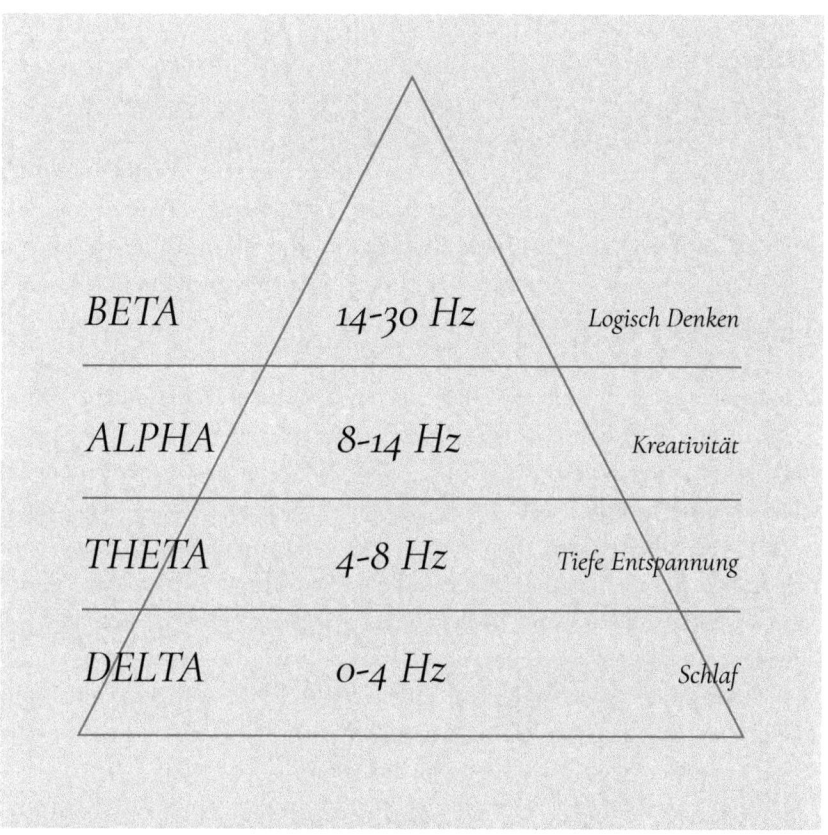

BETA	14-30 Hz	Logisch Denken
ALPHA	8-14 Hz	Kreativität
THETA	4-8 Hz	Tiefe Entspannung
DELTA	0-4 Hz	Schlaf

keit, dass du dich a) gar nicht mehr daran erinnerst und b) ohne darüber nachzudenken eine wahre Antwort gibst (auch wenn diese ggf. unangenehm ist)? Sehr hoch! Dein Bewusstsein „schläft" sozusagen und dein Unterbewusstsein antwortet.

Sobald du im Wachzustand die Sinneseindrücke um dich herum wahrnimmst, steigt auch die Frequenz der Gehirnwellen. Es gibt jetzt mehr zu verarbeiten. Der nächste Zustand (8-14 Hz) namens Alpha, ist immer noch ein niedriger Zustand der Gehirnwelle. Kreativität ist beispielsweise in diesem Bereich angesetzt. Kannst du nicht kreativ sein, obwohl du es möchtest, kann es sein, dass deine Gehirnwellen in dem Moment in der falschen Frequenz sind. Außerdem funktioniert unsere Vorstellungskraft in diesem Frequenzbereich sehr gut. Kinder zwischen 7-14 Jahren (nur ein grober Richtwert) sind beispielweise prädestiniert dafür, überwiegend in dieser Gehirnfrequenz zu sein. Daher sind Kinder bis zu einem bestimmten Alter auch besonders fantasiereich.

Der Beta-Zustand beschreibt den Zustand, wenn wir besonders fokussiert auf etwas sind (14-30 HZ). Diesen Zustand erreichen wir beispielsweise beim konzentrierten Arbeiten. Sind wir ständig in dieser Frequenz, schüttet unser Körper auf Dauer Stresshormone aus. Wenn man wenig schläft, viel arbeitet und vorwiegend in der Betafrequenz ist, dann kann sich der Körper nicht regenerieren und die so wichtigen Alpha- bzw. Theta-Gehirnwellen sind zu wenig vorhanden. Daher ist es wichtig, sich bewusst in entspannte Zustände zu versetzen, sodass durch die Alpha- und Theta-Gehirnwellen der Wohlfühlfaktor erhöht wird. Umso weniger Alpha- und Theta-Gehirnwellen wir haben, desto gestresster fühlen wir uns. Es gibt Wege, um unsere Gehirnwellen zu beeinflussen.

Mit diesem Hintergrundwissen und Bewusstsein öffnen sich einem neue Türen. Es gibt beispielsweise Musiktracks, die gemacht wurden, um dich in die jeweilige bevorzugte Gehirnfrequenz zu bringen. Möchtest du zum Beispiel kreativ werden, kannst du von Soundtracks im Bereich der Alpha-Frequenzen profitieren.

Bestimmte Tonfrequenzen können unsere Gehirnwellen beeinflussen (vgl. Pauli, 2021), weswegen ich dieses Thema gezielt nutze, um limitierende Glaubenssätze „umzuprogrammieren". In der 21-tägigen Meditation mit Affirmationen als Silent Subliminals wurde ein Theta-Frequenz-Sound verwendet, der dich bzw. deine Gehirnwellen schneller in die Theta-Frequenz und somit in einen entspannten Zustand bringen kann.

XI
MEDITATION

———

WARUM IST MEDITATION WICHTIG?

Es hat sich gezeigt, dass sich bereits nach 8-wöchiger täglicher Meditation der Bereich im Gehirn namens Amygdala – der mit unseren unangenehmen Emotionen wie Angst, Stress, etc. in Verbindung gebracht wird – verkleinert (vgl. Hölzel, 2011, S. 36-43). Die Amygdala ist unser Angstzentrum und sendet bei „Gefahr" ein sofortiges Signal an den Körper, um diesen darauf vorzubereiten. Sie sendet aber auch in vermeintlich gefährlichen Situationen ohne reale Gefahr dieses Signal. Dadurch kann unser Stresslevel enorm steigen.

Durch tägliche Meditation wird das Volumen unserer Amygdala kleiner, wodurch folglich weniger dieser Signale an den Körper gesendet werden. Dadurch sinkt unser Stresslevel und wir können gewisse Dinge gelassener nehmen (vgl. Valk, 2017).

Außerdem haben wissenschaftliche Studien gezeigt, dass sich durch Meditation unsere Gehirnströme verändern. Diese Frequenzen sind durch Hirnscans messbar. Personen, die meditieren, haben ein höheres Level an Alphawellen, welche wie zuvor beschrieben, nachweislich negative Emotionen verringern können (vgl. Hein, 2008).

Über den QR-Code gelangst du zu der bereits beschriebenen – speziell für dich erstellten – Theta-Silent-Subliminals-Meditation, die du herunterladen kannst. Ein großes Dank an dieser Stelle an Admir Adam für das Erstellen der Meditation (Kontakt: Seite 108).

XII
SILENT SUBLIMINALS

———

In diesem Kapitel werde ich nochmals genauer auf Silent Subliminals eingehen.

WAS SIND SILENT SUBLIMINALS?

Silent Subliminals sind gesprochene unterschwellige Botschaften z.B. Affirmationen (Selbstbekräftigungen), die sich an das Unterbewusstsein richten und nicht mehr hörbar sind, wie zum Beispiel: „Ich bin richtig wie ich bin. Ich kann alles schaffen was ich möchte, denn ich habe grenzenloses Potenzial".

WIE FUNKTIONIERT DAS?

Die aufgenommenen positiven Affirmationen werden in einen höheren Frequenz-Bereich verschoben, den wir nicht mehr hören können. Lediglich Kinder oder Tiere würden diesen noch wahrnehmen können, da sie ein besseres Gehör haben. Silent Subliminals landen ungefiltert in unserem Unterbewusstsein, ohne dass unser Bewusstsein es kritisieren kann. (Es werden Kopfhörer benötigt, die mindestens 20.000 Hz abspielen können.)

WARUM SIND SILENT SUBLIMINALS NÜTZLICH?

Wie zuvor schon beschrieben ist es bei der Umprogrammierung von Glaubenssätzen wichtig, dass man die positiven Affirmationen auf bewusster und unbewusster Ebene regelmäßig wiederholt, um die Wirkung zu maximieren. Unser Unterbewusstsein lernt durch Wiederholungen. Genau dort docken die Silent Subliminals an. Da sie dich nicht ablenken, kannst du sie theoretisch immer und überall anhören.

SIE GELANGEN DIREKT IN DEIN UNTERBEWUSSTSEIN OHNE ZUERST DEN UMWEG ÜBER DEN KRITISCHEN VERSTAND ZU GEHEN.

Das ist wichtig, denn wenn man sich selbst eine positive Affirmation vorspricht, die dem Verstand widerspricht, wird sich dieser dagegen wehren. Der Verstand würde die Affirmationen nicht annehmen bzw. überhaupt nicht ins Unterbewusstsein gelangen lassen.

Es kann einen Einfluss auf dein Unterbewusstsein haben, wenn du Theta-Frequenzen und Silent Subliminals mit Affirmationen als tägliche Meditation hörst, nachdem du deine Themen bzw. Glaubenssätze ausgearbeitet hast. Am besten eignen sich hierfür Routinen.

BEISPIEL FÜR MÖGLICHE AFFIRMATIONEN ALS SILENT SUBLIMINALS (DIESE SIND AUCH IN DER THETA-MEDITATION ZU FINDEN, DIE DU AUF SEITE 75 HERUNTERLADEN KANNST):

„Ich bin gut genug und richtig, wie ich bin. Ich nehme mich mit allen meinen Schwächen an, denn diese machen mich zu der Person, die ich heute bin. Ich habe Vertrauen ins Leben, dass es mir immer genau das gibt, was ich gerade „zum Wachsen" brauche.

Ich erreiche, was ich mir zum Ziel setze, weil ich stark bin. Ich habe grenzenloses Potenzial. Ich darf mich abgrenzen und es mir selbst recht machen. Meine Bedürfnisse sind wichtig. Ich bin mutig, um meinen Weg zu gehen – das zu tun was mich glücklich macht und erfüllt.

Ich habe es verdient glücklich zu sein. Ich öffne mein Herz und ich stehe zu mir. Ich begegne mir und anderen mit Mitgefühl. Mir geht es gut. Mein Leben ist wunderbar. Jede Zelle meines Körpers ist glücklich. Ich bin der Schöpfer meiner Gedanken und ich leite meine Gedanken in eine positive Richtung. Ich vertraue mir und meiner Intuition. Ich bin dankbar für mein Leben und ziehe positive Umstände an. Das Leben passiert für mich."

XIII
WERTEBASIERTE ZIELE

———

In diesem Kapitel überprüfst du, ob deine festgelegte Wachstumszone bzw. Wunschsituation auch deinen persönlichen Werten entspricht. Auf deinen werteorientierten Zielen aufbauend, kreierst du danach deine persönlichen Routinen, die dich effektiver zu deinem Ziel bringen können. Wie in Kapitel II beschrieben, stehen die Routinen für dein Flugzeug, welches dich zum Ziel bringt. Erinnerst du dich, was der Treibstoff für das Flugzeug ist? Der Glaube an dich selbst bzw. die Beziehung zu dir und ein positives Mindset.

AUFGABE: WERTE FESTLEGEN (vgl. Spenst, 2020, S. 68 - 73)

----

1. Lies dir die Werte-Liste auf der nächsten Seite aufmerksam durch und lege deine zehn wichtigsten Werte im Leben fest, indem du sie unterstreichst. Denke nicht viel darüber nach, sondern entscheide aus deinem Bauchgefühl heraus. Was ist dir wichtig im Leben? Nach was lebst du? Womit identifizierst du dich?

----

2. Gehe diese zehn Werte noch einmal durch und frage dich, ob dich das wirklich ausmacht? Kreise die fünf wichtigsten Werte, mit denen du dich am stärksten identifizieren kannst ein (Werte können in den verschiedenen Lebensbereichen unterschiedlich sein. Wir legen hier nur deine allgemeinen Kernwerte fest.)

Deine
WERTE

———

- Abenteuer
- Achtsamkeit
- Akzeptanz
- Anerkennung
- Aussehen
- Authentizität

- Balance
- Begeisterung
- Bekanntheit
- Bewegung

- Dankbarkeit
- Disziplin

- Ehre
- Ehrlichkeit
- Empathie
- Entwicklung
- Erfolg
- Ernährung

- Fortschritt
- Freiheit
- Fürsorglichkeit

- Geborgenheit
- Geduld
- Genuss
- Gerechtigkeit
- Gesundheit
- Glaube
- Glück

- Harmonie
- Heilung
- Herausforderung
- Humor

- Innerer Frieden
- Intimität
- Intuition

- Kreativität
- Kompetenz

- Leichtigkeit
- Leidenschaft
- Liebe
- Loyalität
- Luxus

- Minimalismus
- Mut

- Nachhaltigkeit
- Nächstenliebe
- Naturverbunden-
  heit

- Neugierde

- Offenheit
- Ordnung
- Optimismus

- Partnerschaft
- Perfektion

- Reichtum
- Respekt
- Ruhe

- Selbstbestimmung
- Selbstverwirk-
  lichung
- Sicherheit
- Solidarität

- Spaß
- Spiritualität
- Stärke

- Toleranz
- Treue

- Unabhängigkeit

- Verantwortung
- Verlässlichkeit
- Vertrauen

- Wachstum
- Weiterentwicklung
- Wertschätzung
- Wohlbefinden
- Wohlstand

- Zugehörigkeit
- Zuverlässigkeit

Weitere Werte:

- - - - - - - - - - - - - - - - -

- - - - - - - - - - - - - - - - -

----

3. Jetzt darfst du herausfinden, welche beiden Werte von den fünf Gewählten die oberste Priorität in deinem Leben haben. Schreibe dafür deine fünf wichtigsten Werte in jeweils ein Kästchen (auf der nächsten Seite). Dann vergleichst du Wert a mit allen Werten, die darunter stehen und fragst dich:

„Ist mir Wert a oder Wert b wichtiger?"

Der wichtigere Wert bekommt einen Strich als Markierung. Dann geht es weiter mit „Ist mir Wert a oder c wichtiger?", usw. Bist du damit durch, vergleichst du Wert b mit allen Werten, die darunter stehen: „Ist mir Wert b oder c wichtiger?" und markierst den Wichtigeren wieder mit einem Strich. Führe das mit allen Wert fort.

Zusammenfassung:

Du vergleichst immer den oberen Wert mit allen Werten, die darunter stehen und markierst den Wichtigeren mit einem Strich. Am Ende werden 1-2 Werte die meisten Markierungen haben. Das sind deine Kernwerte, die dich durchs Leben leiten. An ihnen kannst du deine Ziele ausrichten und somit auch deine Gewohnheiten, die dich schneller dorthin bringen. Wenn du deine Kernwerte herausgefunden hast, kannst du überprüfen, ob es nach wie vor mit deiner Wachstumszone bzw. Wunschsituation übereinstimmt. Werden deine Werte hier wiedergespiegelt oder möchtest du gegebenenfalls nachjustieren und deine Wachstumszone anpassen? Auf der nächsten Seite siehst du auch ein Beispiel.

AUFGABE: WERTE FESTLEGEN (vgl. Spenst, 2020, S. 68 - 73)

Deine Werte:

Beispiel:

Wert a:

Wert a:
Spiritualität

Wert b:

Wert b:
Wachstum

Wert c:

Wert c:
Ehrlichkeit

Wert d:

Wert d:
Empathie

Wert e:

Wert e:
Sicherheit

----

4. Schreibe dir im nächsten Schritt deine zwei wichtigsten Kernwerte auf. Zu jedem Wert schreibst du passend dazu deine Ziele auf, welche du zum Beispiel deiner Wachstumszone aus Kapitel IV entnehmen kannst. Danach notierst du zu jedem Ziel eine passende Gewohnheit, die dir dabei helfen wird, dieses zu erreichen.

AUSFÜLLHILFE (BEISPIEL FÜR DIE NÄCHSTE SEITE)

Mein wichtigster Wert 1:
= *Wachstum*

Wertebasierte/s Ziel/e zu Wert 1 „Wachstum":
= *1. Ziel: Ich möchte ein Buch veröffentlichen.*
= *2. Ziel: Ich möchte einen Podcast veröffentlichen.*

Gewohnheit, um diese Ziele zu erreichen:
= *1. Ich schreibe jeden Tag 15 Minuten an dem Buch.*
= *2. Jeden Freitag überlege ich mir 1h neue Themen für meinen Podcast.*

HIER IST PLATZ FÜR DEINE WICHTIGSTEN KERNWERTE, DEN WERTEBASIERTEN ZIELEN & GEWOHNHEITEN (vgl. Spenst, 2020, S. 68 - 73):

Mein Wert 1:

_____

Wertebasiertes Ziel/e zu Wert 1:

1. _____

2. _____

3. _____

Gewohnheit/en, um dieses Ziel/e zu erreichen:

1. _____

2. _____

3. _____

Mein Wert 2:

_____

Wertebasiertes Ziel/e zu Wert 2:

1. _____

2. _____

3. _____

Gewohnheit/en, um dieses Ziel/e zu erreichen:

1. _____

2. _____

3. _____

Jetzt weißt du, in welche Richtung dich deine persönlichen Routinen lenken sollen, die du später für deinen persönlichen Plan zum Ziel benötigst. Nun erstellst du im nächsten Kapitel deinen persönlichen „Flugplan" dazu bzw. dein Visionboard.

XIV
VISIONBOARD

EIN VISIONBOARD KANN EINE ABKÜRZUNG ZUM ZIEL SEIN, WEIL ES DICH TÄGLICH DARAN ERINNERT, WOHIN DU IN DEINEM LEBEN MÖCHTEST.

Stelle dir einen Piloten vor, der ohne konkretes Ziel und Flugplan losfliegt. Wie soll er dann ankommen? Angenommen er befindet sich direkt über seinem Ziel und sollte landen, aber er weiß es nicht. Was macht er dann? Er fliegt daran vorbei. Dieses Ziel steht für unsere Vision und Wachstumszone im Leben. Was wollen wir erreichen, wo wollen wir hin? Wir können unseren Weg nur danach ausrichten, wenn wir unsere Vision kennen, sonst verfehlen wir unsere Mission. Ein Visionboard ist sozusagen der Flugplan, welcher uns die Richtung weist. Wenn du diesen Flugplan täglich vor Augen hast, erinnert er dich daran, wohin du in deinem Leben möchtest – wo du landen möchtest. Er bewahrt dich davor, an deinem Ziel vorbeizufliegen. Außerdem hilft dir der Flugplan zu reflektieren, ob du dich gerade nach deinem oder nach einem anderen Flugplan ausrichtest. Basieren deine Ziele im Leben auf deinen Werten oder auf den Werten der anderen, der Gesellschaft, den Eltern, des Partners und Freunden?

DER FLUGPLAN STEHT FÜR DEINE WERTEBASIERTEN ZIELE. DIE ROUTINE – DEIN FLUGZEUG – BRINGT DICH DEINEM ZIEL NÄHER.

WIE SIEHT EIN VISIONBOARD KONKRET AUS?

Ein Visionboard kann zum Beispiel eine Collage mit zusammengewürfelten Fotos sein (digital oder analog). Genauso gut kann es nur mit Text gefüllt sein. Du kannst es als deinen Handy- oder Desktop-Hintergrund festlegen oder ausdrucken und an deine Wand kleben. Wenn du es täglich siehst, prägt sich dein Flugplan immer weiter in dein Gedächtnis ein. Folglich wirst du deine Ziele schneller erreichen, weil du unterbewusst automatisch nach Lösungen suchst und das Unterbewusstsein durch Wiederholung lernt. Dabei dürfen wir nicht vergessen, dass der Weg das Ziel ist. Es geht nicht darum, deinen Fokus nur auf die Zukunft zu richten, sondern vor allem auf die Gegenwart. Was kannst du JETZT tun, was dich deinem Ziel in der Zukunft näherbringt? Die Betonung liegt immer auf der Gegenwart, denn dein Leben findet JETZT und nicht später statt.

AUFGABE: VISIONBOARD

Erstelle dein persönliches Visionboard – mit Fotos/Bilder/Zeichnungen und/oder mit Text. Werde kreativ. Verbildliche deine Visionen und Träume auf Papier oder digital und bringe es an einem Ort an, wo du es täglich siehst und daran erinnert wirst. Da du im Kapitel „Wachstumszone" und „Wertebasierte Ziele" herausgefunden hast, wohin deine Reise gehen soll, kannst du dies nun visualisieren. Trage deine Ziele in dein Visionboard ein, damit du täglich daran erinnert wirst, wie du sie erreichen kannst.

XV
LAW OF
ATTRACTION

———

„OB DU DENKST, DU KANNST ES, ODER DU KANNST ES NICHT: DU WIRST AUF JEDEN FALL RECHT BEHALTEN." (HENRY FORD)

Das Gesetz der Anziehung oder Resonanzgesetz (Englisch: Law of Attraction) besagt, dass sich Gleiches anzieht. Das bezieht sich auf das Verhältnis zwischen der Gedanken- und Gefühlswelt eines Menschen, sowie seiner äußeren Lebenswelt. Ausgangspunkt dafür sind die unterbewussten Glaubenssätze, Überzeugungen und Werte.

Ein gutes Beispiel hierfür ist, wenn man mit dem falschen Fuß aufgestanden ist. Oft zieht sich diese Energie den ganzen Tag hindurch und man denkt sich Dinge wie: „War ja klar, dass das jetzt auch noch schieflaufen muss.". Andersherum gibt es Tage, an denen man zufrieden aufwacht und der Tag geradezu perfekt läuft, weil eine gute Sache nach der anderen passiert. Das sind Beispiele für das Law of Attraction. Gleiches zieht Gleiches an.

„ALLES IST ENERGIE UND DAZU IST NICHT MEHR ZU SAGEN. WENN DU DICH EINSCHWINGST IN DIE FREQUENZ DER WIRK-LICHKEIT, DIE DU ANSTREBST, DANN KANNST DU NICHT VER-HINDERN, DASS SICH DIESE MANIFESTIERT. ES KANN NICHT ANDERS SEIN. DAS IST NICHT PHILOSOPHIE. DAS IST PHYSIK." (ALBERT EINSTEIN)

Du kannst mit der Kraft deiner Gedanken und deines Unterbewusstseins deine Realität beeinflussen, da es eine Analogie zwischen Innen- und Außenwelt gibt. Diese Analogie kannst du für dich nutzen, indem du deine innere Einstellung zu äußeren Umständen veränderst, um dadurch deine Realität zu beeinflussen.

„DU SIEHST DIE WELT NICHT SO WIE SIE IST, SONDERN SO WIE DU BIST." (MOOJI)

Durch eine positive Lebenseinstellung kannst du zu mehr Fülle gelangen, weil jeder Gedanke, den du denkst, jedes Gefühl das du fühlst, ähnliche Gedanken und Gefühle wiederum anzieht.

DEINE INNERE WELT KREIERT DEINE ÄUSSERE WELT.

Man nimmt an, dass Gedanken, Gefühle und Wünsche Schwingungen erzeugen, die die Außenwelt beeinflussen können – unabhängig davon, ob sich die Person, die die Schwingung erzeugt, darüber bewusst ist oder nicht. Wenn man das Gesetz der Anziehung kennt und anwenden kann, kann man auch seine Ziele schneller erreichen. Es ist ein unterstützendes Tool, um dein Leben nach deinen Vorstellungen zu gestalten.

Wenn du dir dein Visionboard mit der richtigen Einstellung ansiehst und die Action-Steps dazu gehst, kannst du das in dein Leben ziehen, was du möchtest. Außerdem ist es wichtig, dass du dir deinen limitierenden Glaubenssätzen zuvor bewusst geworden bist, denn dein Unterbewusstsein leitet dich.

THOUGHTS BECOME THINGS.

Du kannst dir das Law of Attraction wie ein Radio-Programm vorstellen. Das Radio ist in diesem Beispiel auf der Frequenz 200 Hz eingestellt und kann dementsprechend ausschließlich das gewählte Programm empfangen. Hier laufen nur traurige Hörbücher. Stellst du das Radio auf eine höhere Frequenz ein, dann kannst du ein neues Programm mit beispielsweise aufmunternder Musik empfangen. Das gilt auch für den Menschen: Er ist sozusagen das Radio und seine negativen Gedanken und limitierenden Überzeugungen bilden die Frequenz, welche eingestellt ist. Der Mensch empfängt genau dieses Programm und zieht unangenehme Situationen an – gemäß dem Motto „Gleiches zieht Gleiches an". Die limitierenden Glaubenssätze im Unterbewusstsein werden dadurch immer wieder bestätigt und bestärkt. Im Unterbewusstsein ist Energie. Diese kann trainiert werden, um auf einem „höheren Level" zu schwingen, wodurch folglich bessere Dinge angezogen werden können. Entscheidet sich der Mensch bewusst für ein positives Mindset und findet täglich Gründe für Dankbarkeit, dann ist dies eine höherschwingende Frequenz, welche wiederum Dinge anzieht, wofür man noch dankbarer sein kann. Falls du dich jetzt fragst, wie das konkret funktionieren soll, kommt hier eine Anleitung, die du zusätzlich in deine Routine mit einbeziehen kannst, z.B. während deiner Abend-Meditation.

ANLEITUNG: LAW OF ATTRACTION

----

1. „Stelle dein Radio auf die richtige Frequenz ein."

Schreibe dir drei Dinge auf, für die du dankbar bist und verweile jeweils zehn Sekunden in dem Gefühl, damit du die Dankbarkeit und das damit verbundene Glück auch wirklich fühlst.

2. „Visualisiere."

Nun stelle dir eines deiner Ziele vor und male es dir bildlich vor deinem inneren Auge aus – so, als wäre es jetzt schon real. Lasse deiner Fantasie freien Lauf. Springe in das Gefühl hinein. Wie fühlt es sich an, dieses Ziel schon erreicht zu haben?

Wenn dein Ziel zum Beispiel ist, dass du für ein paar Monate verreisen möchtest, dann stelle dir nach der Dankbarkeitsübung vor, wie du schon auf dieser Reise bist und male dir alles genau aus. Gehe die Sinnesorgane durch. Was siehst, fühlst, hörst, riechst und schmeckst du dort?

3. „Manifestiere."

Schreibe dir die positiven Affirmationen dazu auf, so als wäre es schon real.

Wiederhole diese drei Schritte täglich und achte auf eine positive Formulierung. Eine negative Formulierung ist beispielsweise: „Ich möchte nicht mehr so viel arbeiten.". Eine positive Formulierung ist die folgende: „Ich habe mehr Zeit für mich.". Denke daran: WHERE FOCUS GOES ENERGY FLOWS.

„WENN MAN DAS UNIVERSUM VERSTEHEN WILL MUSS MAN IN ENERGIE UND FREQUENZEN DENKEN." (TESSLER)

XVI
DEIN
FAHRPLAN

„FIRST WE CREATE OUR HABITS, THEN THEY CREATE US."
(JOHN DRYDEN)

Wie eingangs beschrieben, ist es wissenschaftlich bewiesen, dass sich aus einer MINDESTENS 21-tägigen Wiederholung von Aktionen eine Gewohnheit entwickelt: Es wird zum Automatismus. Es ist ein neues Programm, dass ohne Aufwand abläuft (wie Autofahren – du tust es automatisch, weil du es oft wiederholt hast), denn das Unterbewusstsein lernt durch Wiederholungen. Stelle dir vor, du hast ein neues Programm in Bezug auf positives Denken erstellt! Du musst dann nicht mehr darüber nachdenken, positiv zu denken, sondern du tust es einfach.

In diesem Kapitel kannst du deinen persönlichen Fahrplan erstellen, der auf dich und deine Bedürfnisse zugeschnitten ist. Du wiederholst diesen für mindestens 21 Tage am Stück und beobachtest, ob sich eine Veränderung eingestellt hat. Sollte dies der Fall sein, dann setze dies fort, bis du an dem Punkt angekommen bist, an dem du die Inhalte deines Fahrplans automatisch wiederholst. Die zuvor beschriebene „Meditation" (mit Theta-Frequenzen und Silent Subliminals) ist Teil dieses Plans. Du hörst sie mindestens 21 Tage am Stück abends vor dem Einschlafen an. Was ist das Ziel dieser Routine? „Das Programm" eines positiven Mindsets mit einem guten Gefühl verankern, dass nicht nur für einen kurzen Moment anhält, sondern nachhaltig wirkt.

Erstelle deinen persönlichen Fahrplan, der dich zu deinem Ziel bringt. Die Inhalte dafür hast du in den letzten Kapiteln herausgefunden. Nun kannst du deine Ergebnisse zusammenführen. Diese Seite kannst du dir kopieren und sie an einer gut sichtbaren Stelle aufhängen. Bevor du in den nächsten 21 Tagen in den Tag startest, lese dir zur Verinnerlichung alles täglich durch. Zusätzlich kannst du auch dein Visionboard zur Visualisierung deiner Ziele dazu hängen. Das Durchlesen soll dich an dein positives Mindset und an deine Ziele erinnern. Die Action-Steps sind aber noch viel wichtiger, denn Erfolg besteht aus drei Buchstaben: TUN. Daher ist es zusätzlich wichtig, dass du eine kurze Morgen- und/oder Abendroutine einführst, in denen auch die Action-Steps enthalten sind. Beantworte hierfür jeden Tag für 21 Tage am Stück die gleichen Fragen:

MORGENS

A

AUFGABE 1: DANKBARKEIT

Schreibe jeden Morgen drei Dinge auf, für die du dankbar bist, um mit einem guten Gefühl in den Tag zu starten.

„NICHT DIE GLÜCKLICHEN SIND DANKBAR. ES SIND DIE DANKBAREN, DIE GLÜCKLICH SIND." (FRANCIS BACON)

AUFGABE 2: GUTER TAG

Schreibe auf, was du dir selbst heute Gutes tust, um die Beziehung zu dir selbst zu stärken. Eine gute Beziehung zu dir selbst ist die Voraussetzung für dein positives Mindset und um den Mut zu haben, neue Wege zu gehen.

AUFGABE 3: SCHRITTE FESTLEGEN

Was kannst du heute tun, um deinen Zielen einen Mini-Schritt näher zu kommen? (Das kann auch deine zuvor herausgefundene Gewohnheit sein, die du hier einfügst.)

1. Mein nächster Schritt heute ist ...

Tipp: Schreibe so konkret wie möglich etwa zwei Dinge pro Tag auf und setze diese auch wirklich um. Wenn wir uns zu viel vornehmen, neigen wir schneller dazu, es nicht zu tun. Ein Mini-Schritt kann zum Beispiel sein, jeden Tag einen Apfel zu essen oder drei Liter Wasser zu trinken.

AUFGABE 4: POSITIVE AFFIRMATION/EN

Schreibe dir deine persönliche Affirmation dazu auf (Umkehrung deiner Kernglaubenssätze):

ABENDS

AUFGABE 1: VISUALISIEREN

Visualisiere deine Ziele. Stelle dir vor sie wären schon Realität. Gehe in das Gefühl hinein. Dadurch kannst du sie schneller in dein Leben ziehen, weil du das Selbstvertrauen erlangst, diese zu erreichen. Sage dir selbst, dass du alles schaffen kannst, was du dir vornimmst, wenn du es möchtest und die nötigen Action-Steps dafür gehst. Wenn du magst, höre dir die Meditation vor dem Schlafengehen an.

AUFGABE: DEIN PERSÖNLICHER FAHRPLAN

Nun darfst du deinen persönlichen Fahrplan ausfüllen, welchen du kopieren und dir in deine Wohnung hängen kannst. Lies diesen 21 Tage lang täglich durch:

1. Füge hier die Umkehrung deiner limitierenden Kernglaubenssätze ein, welche du in Kapitel V „Glaubenssätze" herausgefunden hast (zum Beispiel: „Ich bin nicht gut genug." wird zu „Ich bin gut genug und richtig, wie ich bin.").

---

2. Füge hier deine wertebasierten Ziele so konkret wie möglich ein, welche du in Kapitel XIII „Wertebasierte Ziele" herausgefunden hast (zum Beispiel: „Ich möchte mein Wunschgewicht von xy kg bis Oktober erreichen.").

---

3. Füge hier deine Ziele ein, als wären sie schon wahr. Gehe täglich in das Gefühl hinein, als wäre es jetzt schon die Realität. Das dient dem „Manifestieren", aus Kapitel XV „Law of Attraction" (zum Beispiel: „Ich habe mein Zielgewicht von xy kg erreicht und ich fühle mich wohl damit.").

----

4. Füge hier deine festgelegten Routinen für deine wertebasierten Ziele ein, welche du in Kapitel XIII „Wertebasierte Ziele" herausgefunden hast (z.B.: „Ich esse jeden Tag einen Apfel, trinke drei Liter Wasser und ersetze Süßigkeiten durch Obst.").

----

5. Selbstwertbooster: Schreibe drei Gründe auf, warum du toll bist. Diese kannst du dem Kapitel II „Selbstannahme" entnehmen (zum Beispiel: „ ... weil ich ein einfühlsamer Mensch bin und weil ich, ICH selbst bin – zwar nicht perfekt, aber dafür authentisch.").

----

6. Schreibe dir aus Kapitel VII „Gedanken lenken" deine drei wichtigsten Übungen für dein Mindset heraus und führe sie so oft wie möglich durch. Sie dienen dir als Reminder. Mache es zu deiner Routine. Meine wichtigste Übung für ein positives Mindset ist z.B. „The work" von Katie Byron.

----

7. Reminder: Höre dir mindestens 21 Tage am Stück die zuvor beschriebene Theta-Silent-Subliminals-Meditation zum Einschlafen an, welche du dir unter dem QR-Code auf Seite 75 herunterladen kannst.

Mit diesem Buch hast du deinen persönlichen Fahrplan erstellt, der dich näher zu dir und zu deinen Zielen bringen kann. Du kannst dies nachhaltig nutzen – auch nachdem du das Buch zu Ende gelesen hast. Es ist der Beginn einer wunderschönen Reise zu dir selbst. Mit den Mindset-Tools fällt es dir im besten Fall leichter diesen Plan durchzuziehen. Falls du auf deinem weiteren Weg Unterstützung möchtest, dann melde dich einfach bei mir unter Instagram: risingmind_franzifatka und wir vereinbaren ein unverbindliches Kennenlerngespräch zu einem möglichen Coaching. Gemeinsam schauen wir uns dein Thema an und ich begleite dich auf der Reise zu deiner persönlichen Lösung, denn ich sehe Probleme als Projekte, an denen wir wachsen können. Ich helfe dir dabei das Positive zu sehen und ich freue mich darauf, mehr über dein Projekt zu erfahren.

YOU ARE YOUR BIGGEST PROJECT!

DU BIST NICHT NUR HAUPTDARSTELLER IN DEINEM LEBEN, SONDERN AUCH DREHBUCHAUTOR: DU SCHREIBST DEINE GESCHICHTE SELBST. DU BIST SO VIEL MEHR, ALS DU DENKST ZU SEIN. JEDE LÖSUNG IST SCHON IN DIR. ALLES, WAS DU SUCHST IST SCHON IN DIR.

XVII
CHECK-OUT

———

Wie gut kennst du deine Vision (= inneres Bild von deiner gewünschten Zukunft)?

```
0                        5                       10
```

Hast du ein konkretes Ziel vor Augen?

```
0                        5                       10
```

Wie zuversichtlich bist du, dass du dieses Ziel erreichen wirst?

```
0                        5                       10
```

Bist du dir im Klaren darüber, was dich davon abhält, deinem Ziel zu folgen?

```
0                        5                       10
```

Was glaubst du, wie lange wird es dauern dein/e Ziel/e zu erreichen? (10=sehr lange)

```
0                        5                       10
```

Weißt du, was dir fehlt, um mit der Umsetzung deiner Vision zu beginnen? (10 = sehr viel)

```
0                        5                       10
```

Stimmt dein aktueller Weg mit deinem Ziel/deiner Vision überein?

```
0                        5                       10
```

Wie zufrieden bist du mit deiner jetzigen Situation?

```
0                        5                       10
```

Wie gut hast du deine negativen Gedanken im Griff?

```
0                        5                       10
```

Wie positiv ist dein Mindset?

0   5   10

Hörst du auf deine Intuition?

0   5   10

Weißt du, was ein Glaubenssatz ist? Falls ja, kennst du deine eigenen Glaubenssätze?

0   5   10

Machst du das, was du willst oder das, was andere von dir erwarten? (Was du willst = 10)

0   5   10

Machst du es dir oder den anderen recht? (Dir = 10)

0   5   10

Wie kritisch bist du mit dir selbst? (0 = nicht kritisch / 10 = sehr kritisch)

0   5   10

Fokussierst du dich mehr auf Niederlagen oder auf Erfolge? (10 = Erfolg)

0   5   10

Wie gut ist die Beziehung zu dir selbst?

0   5   10

Wie bewusst dankbar bist du?

0   5   10

SCHLUSSWORT

———

NUTZE DIE MÖGLICHKEIT, UM DEN ZUGANG ZU DIR SELBST WIEDER ZU FINDEN.

Wenn der Mensch den Fokus auf SICH richten muss, kann es zuerst zu einer unangenehmen Herausforderung werden, weil viele verlernt haben die Aufmerksamkeit nach Innen zu richten.

Viele Menschen suchen etwas im Außen, was sie bei sich selbst aus den Augen verloren haben. Sie verspüren eine Art Leere, die auch zeitweise durch äußere Einflüsse gefüllt werden kann. Das können beispielsweise materielle Dinge wie Autos oder Anerkennung und Wertschätzung durch Likes auf sozialen Netzwerken; der Status generell; die Position im Beruf; die Liebe in einer Partnerschaft; der Spaß auf Partys sein. Auf Dauer jedoch kann man das, wonach man im Außen sucht, nur bei sich selbst im Innen und in dem Moment wiederfinden. Unser Glück liegt in der Gegenwart – nicht in der Zukunft.

Der Philosoph „Blaise Pascal" sagt, dass der gelangweilte Mensch „das Nichts, seine Verlassenheit, seine Unzugänglichkeit, seine Abhängigkeit, seine Ohnmacht, seine Leere" (Stangl, 2022, 7. Mai) fühle. Seine eigenen Gefühle und Gedanken macht man oft abhängig von den äußeren Umständen, dabei ist dein inneres Gefühl einzig und allein von dir selbst abhängig – von deinen Gedanken, deiner Selbstwahrnehmung und der Beziehung zu dir selbst. Beispielsweise kann dir ein positives Gefühl, welches du im Außen gefunden hast, wieder genommen werden. Ein positives Gefühl, welches du hingegen bei dir selbst gefunden hast, kann dir keiner nehmen

– außer du dir selbst. Du bist verantwortlich dafür. Fange an, auf dein Inneres zu hören und dir zu überlegen, was du mit deiner wertvollen Lebenszeit anstellen möchtest, denn wir wissen nicht, wie viel wir davon haben.

Beginne, dir darüber bewusst zu werden wofür du heute und generell in deinem Leben dankbar bist, anstatt darüber nachzudenken, was dir fehlt. Der Mensch ist ein Gewohnheitstier. Warum also nicht damit anfangen, die neue Gewohnheit zu etablieren, ein positives Mindset zu entwickeln – durch einfache Tools wie zum Beispiel das Ausrichten deines Fokus auf Dankbarkeit. Dein Kopf kann nicht unterscheiden, ob die Dinge, die du denkst, tatsächlich wahr oder nur deine innere Empfindung sind, aber dein Gefühl wird sich in jedem Fall danach ausrichten. Auch ein Zitat von Talmud zeigt wie mächtig unsere Gedanken sein können: „Achte auf deine Gedanken, denn sie werden Worte. Achte auf deine Worte, denn sie werden Handlungen. Achte auf deine Handlungen, denn sie werden Gewohnheiten. Achte auf deine Gewohnheiten, denn sie werden dein Charakter. Achte auf deinen Charakter, denn er wird dein Schicksal."

ACHTE AUF DEIN SCHICKSAL, INDEM DU JETZT AUF DEINE GEDANKEN ACHTEST.

Du kannst deinen Kopf austricksen – indem du die Gewohnheit etablierst positiv zu denken. Denke darüber nach, welche Ziele du dir in deinem Leben setzen möchtest und welche Wünsche und Träume du hast und visualisiere diese durch deine Gedanken.

Schwierige Zeiten können eine Möglichkeit für jeden Einzelnen von uns sein, den Zugang zu sich selbst wiederzuentdecken und seine ohnehin „kurze" Lebenszeit wieder sinnvoll gestalten zu können. (Die durchschnittliche Lebenserwartung beträgt 2022 weltweit ca. 73 Jahre = ca. 26.645 Tage (Statistisches Bundesamt, zitiert nach de.statista.com, 2022)). Verbringe die Zeit gerne mit dir; höre und mache Musik; lese; sei kreativ; lerne über Dinge, welche dich schon immer interessiert haben; lasse dich durch

Menschen inspirieren und sei du selbst eine Inspiration für andere. Das Leben ist zu kurz, um nicht JETZT damit zu starten.

Es ist ein Privileg dieses Leben führen zu dürfen und nicht mit den Problemen kämpfen zu müssen, wie man sie aus vielen anderen Teilen der Welt kennt. Es gibt viele Menschen auf der Welt, die nicht das Privileg bekommen haben, entscheiden zu dürfen, wie sie ihre Zeit einteilen wollen. Warum konzentrieren wir uns dann nicht auf das, wofür wir dankbar sind, wie wir unsere Lebenszeit sinnvoll nutzen können und was wir für andere Menschen und für uns selbst tun können, anstatt uns auf die negativen Dinge im Leben zu fokussieren, die unsere Situation nicht ändern.

Vielleicht ist es jetzt einfach an der Zeit, sich auf das Innere zu fokussieren und zu erkennen, was die wirklich wichtigen Dinge im Leben sind, um dann zu realisieren, dass es uns eigentlich an nichts fehlt.

DENN ALLES WAS WIR IM AUSSEN SUCHEN KÖNNEN WIR NUR IN UNS SELBST FINDEN – IM JETZT.

Wir brauchen einen gesunden Ausgleich zwischen der Gegenwart, der Vergangenheit und der Zukunft – mit dem Schwerpunkt auf dem Jetzt. Aus der Vergangenheit können wir lernen, warum wir bestimmte Bedürfnisse, Ängste, Sorgen, Muster und Glaubenssätze haben – warum wir so sind, wie wir sind. Die Vergangenheit bleibt ein Teil von uns. Es geht darum sie anzunehmen und dadurch loslassen zu können. Die Zukunft ist wichtig, um unsere Ziele zu setzen. Unser Leben findet aber immer ausschließlich im JETZT statt. Wir können uns erst ausgeglichen fühlen, wenn wir eine gesunde Balance mit dem Schwerpunkt in der Gegenwart gefunden haben.

Werde zum Beobachter deiner Gedanken und Gefühle und frage dich immer wieder: „Bin ich gerade im Jetzt?". Nur im jetzigen Moment kannst du bei dir das finden, wonach du im Außen und bei anderen in der Zukunft suchst. Dein Glück liegt in dir – in diesem Moment, denn:

DU BIST,
WAS DU SUCHST.

Tägliche Dankbarkeit	Visionboard	Schutzstrategien durchbrechen
Gedanken beobachten	Selbstannahme	„Ich muss" durch „ich will" ersetzen
Verletzlichkeit erlauben	Tägliche Affirmationen	„Can't change it"-Philosophie
„The Work" Katie Byron	Liebesbrief an dich	Glaubenssätze umkehren
Gefühle erlauben	Worst/BestCase-Szenario	Gehe auf ein Date mit dir selbst
Theta-Frequenzen	Routinen/Ziele festlegen	Kernwerte identifizieren
Meditation	Law of Attraction	Dein persönlicher Fahrplan

LITERATURVERZEICHNIS

———

Alltagsforschung (01.10.2010): Reine Routine – In 66 Tagen zur Gewohnheit, Wissenschaft, die Wissen schafft, [online] https://www.alltagsforschung.de/reine-routine-in-66-tagen-zur-gewohnheit/ [abgerufen am 23.06.2022].

Bechert Möckel, C. (Moderatorin). (2021, März). Glaube nicht alles, was Du denkst - wie Du Dich mit der Methode "The Work" vom Tunnelblick Deiner leidvollen Gedanken befreien kannst. [Audio-Podcast]. In Leben Lieben Lassen. https://open.spotify.com/episode/1yiis63iKKa8ho2DRB-dZLU?si=89c2781467ed4179

Befuss, K. (2020): Theta-Wellen und ihre Wirkung: Was Sie darüber wissen sollten, Online Focus, [online] https://praxistipps.focus.de/theta-wellen-und-ihre-wirkung-was-sie-darueber-wissen-sollten_122916#:~:text=Bei%20Theta%20Wellen%20ist%20das,aktiv%2C%20die%20die%20Erinnerungen-%20beherbergen [abgerufen am 23.06.2022].

Birbaumer, N. & Schmidt, R. F. (2010). Biologische Psychologie (7. Aufl.). Heidelberg, Springer.

Byron, K. (2012). The Work of Byron Katie. Ojai, CA 93024, USA, thework.com. http://theworkwithbryan.com/files/The_Little_Book.pdf [30.04.2022].

Dr. Dispenza, J.. (2019). How To BRAINWASH Yourself For Success & Destroy negative thoughts! | Dr. Joe Dispenza [Video]. YouTube. https://youtu.be/La9oLLoI5Rc [30.04.2022].

Glaser, C. (2019). Selbsterfüllende Prophezeiung. In: Risiko im Management. Wiesbaden, Springer, Gabler. https://doi.org/10.1007/978-3-658-25835-1_21

Hal, E. (18.11.2009). Hal Elrod Shares His Life-changing "Can't Change It" Philosophy [Video]. YouTube. https://youtu.be/mp1SELzoYOo [19.06.2022].

Hein, T. (31.01.2008): Meditation, Kernspin im Nirwana, Die Zeit, Nr. 06. [online] https://www.zeit.de/2008/06/P-Ulrich-Ott Nr. 06. [abgerufen am 23.06.2022].

Hölzel, B. K. et al. (2011). Mindfulness practice leads to increases in regional brain gray matter density. Psychiatry Res 191, 36–43.

Miyagi, T., Oishi, N., Kobayashi, K. et al. (2020). Psychological resilience is correlated with dynamic changes in functional connectivity within the default mode network during a cognitive task. Sci Rep. 10:17760.

Paule, M. (2021): Rhythmen im Gehirn, Die Erforschung der Hirnwellen, Deutschlandfunkkultur, [online] https://www.deutschlandfunkkultur.de/rhythmen-im-gehirn-die-erforschung-der-hirnwellen-100.html [abgerufen am 23.06.2022].

Shi, L., Sun, J., Wu, X., et al. (2018) Brain networks of happiness: dynamic functional connectivity among the default, cognitive and salience networks relates to subjective well-being. Soc Cogn Affect Neurosci. 13(8): S. 851-862.

Spenst, D. (2020). Das 6-Minuten Erfolgsjournal. Hamburg, Rowohlt Verlag GmbH.

Stahl, S. (2015). Das Kind in dir muss Heimat finden. Der Schlüssel zur Lösung (fast) aller Probleme. München, Kailash Verlag.

Stangl, W. (2022, 7. Mai). Boreout – Ausgebrannt vor Langeweile. Arbeitsblätter news. https://arbeitsblaetter-news.stangl-taller.at/boreout-ausgebrannt-vor-langeweile/.

Statistisches Bundesamt. (2022). Statistiken zum Thema Lebenserwartung [24.01.2022]. Zitiert nach de.statista.com. https://de.statista.com/themen/47/lebenserwartung/#dossierContents__outerWrapper

Strelecky, J. (2009). The Big Five for Life. Was wirklich zählt im Leben. München, dtV Verlagsgesellschaft mbH & Co. KG.

Tolle, E. (2019). Jetzt! Die Kraft der Gegenwart. Bielefeld, Kamphausen Media GmbH.

Was ist Neuroplastizität? (2022). https://active.medicalpark.de/was-ist-neuroplastizitaet#:~:text=Unter%20dem%20Begriff%20Neuroplastizit%C3%A4t%20versteht,einzelnen%20Nervenzellen%20(Synapsen)%20gebildet. [19.06.2022].

Valk, S. L. et al. (2017). Structural plasticity of the social brain: Differential change after socio-affective and cognitive mental training. Science Advances 3, e1700489.

Zaltman, G. (2003). How Customers Think: Essential Insights into the Mind of the Market. Harvard Business Review Press.

QUELLEN

———

DANKSAGUNG

———

Zuallererst dank ich meinen Eltern und Großeltern. Durch sie habe ich das größte Geschenk bekommen – das Leben –, wodurch es mir überhaupt erst möglich war, ein Buch zu schreiben. Im gleichen Zuge, danke ich dem Leben für seine Höhen und Tiefen und dem damit verbundenen Wachstum – durch die Annahme dessen, was ist.

Ich danke der besten Oma, Silvia Koller, für ihr Sein.

Ich danke Ramona Ostermeier für das Lektorat und Korrekturlesen, denn ohne sie wäre es nicht möglich gewesen. Ich bin aus tiefstem Herzen dankbar für die Geduld und Zeit, die sie sich dafür genommen hat, sowie für ihre wertvollen Impulse. Ich danke auch Helga Fatka, Sarah Schenk und Yvonne Bosse für das Korrekturlesen.

Mein tiefster Dank geht an alle, die an mich geglaubt haben, als ich es nicht tat und mich immer wieder aufgebaut haben, darunter Franziska Hoffmann, Sabrina Sterl, Lisa Steiner, Ramona Ostermeier, Theresa Reeb, Sarah Schenk und auch an alle weiteren Freunde und Bekannte. Außerdem danke ich von ganzem Herzen Rosdale Thomas de Souza für seine motivierenden und aufbauenden Impulse zum Buch sowie für seinen liebevollen und geduldigen Support.

Ich möchte Jürgen Lorenz meine tiefste Dankbarkeit aussprechen für seine fürsorgliche Unterstützung und die Begleitung meiner Reise in den letzten Jahren. Ohne ihn wäre das Buch nicht entstanden, denn von niemanden habe ich so viel lernen dürfen wie von ihm. Er hat mich daran erinnert, den Blick nach Innen zu richten.

Mein Dank geht auch an Mona Degen und Rebecca Maria Deinzer für ihre wertvollen Impulse bei meiner Reise.

Ebenso danke ich Admir Adam, der mit Liebe zum Detail und Bemühen die Meditationen im Buch erstellt hat. (Wenn du mehr von ihm hören möchtest schau einfach auf seiner Website vorbei: *mehr-bewusstsein.net* oder auf Instagram: *mehr_bewusstsein*. Seine Kontaktdaten findest du auf Seite 108.)

Außerdem danke ich all den spirituellen Lehrern und/oder Autoren, die mir eine neue Sichtweise eröffnet haben – besonders Stefanie Stahl, Ram Dass und Eckhart Tolle.

Schließlich möchte ich mir selbst danken, dass ich mir die Zeit genommen habe, den Blick nach Innen zu richten und dieses Buch zu schreiben sowie mich mit meinen Schattenseiten auseinanderzusetzen.

UND ICH DANKE DIR VON GANZEM HERZEN, DASS DU DAS BUCH GELESEN HAST.

ÜBER DIE AUTORIN

———

Franziska Fatka, geboren in Regensburg, machte ihren Abschluss in dem Studienfach „Multimedia & Kommunikation" an der Hochschule für angewandte Wissenschaften in Ansbach. Schon früh begann sie aufgrund ihrer weltoffenen Art zu reisen und konnte dadurch die verschiedensten Kulturen, Personenkreise und auch Situationen kennenlernen, die ihr Interesse für den Menschen noch weiter vertieften. Dabei durfte sie vor allem eines feststellen: Wie grundverschieden wir auch scheinen mögen, im Kern sind wir doch alle gleich – denn nachhaltige Zufriedenheit finden wir alle nicht außerhalb von uns; nachhaltige Zufriedenheit finden wir in uns.

Während sie auf der Suche nach Lösungen für ihre persönlichen Probleme war, folgten einige wegweisende Coachings und eine Hypnosecoach-Ausbildung. Dabei stieß sie auf hilfreiche Tools, die ihr dabei halfen eine Zufriedenheit in sich selbst wiederzuentdecken. Danach lag es ihr am Herzen, das daraus gewonnene Wissen in einem praxisbezogenen Buch zu teilen.

Durch das Buch verbindet sie ihre beiden größten Leidenschaften miteinander – Grafikdesign und Persönlichkeitsentwicklung, weswegen die Inhalte mit viel Liebe zum Detail geschrieben und gestaltet sind.

Du suchst nach regelmäßigen kostenlosen Impulsen zu diesem Thema oder möchtest mehr über Franziska und ihre Arbeit erfahren?

Dann folge ihr auf Instagram: risingmind_franzifatka